PROBLEMAS LITERARIOS

José Luís Martínez

Presentación
José Luís Martínez Hernandez

Jorge Pinto Books, Inc.

José Luís Martínez *Problemas Literarios*

Originalmente el texto fue publicado en 1955 por Obregón SA, , dentro de la colección dirigída por Octavio Paz y Carlos Fuentes,

Fotografía de la portada: Paulina Lavista

Diseño de la portada y tipografía © Old &New | East & West Cultural Services, 2018. Producido en iStudio Publisher en Macbook Pro.

ISBN: 978-1-934978-76-4 | 1-934978-76-0

PROBLEMAS
LITERARIOS
COLECCION LITERARIA OBREGON

Presentación

José Luis Martínez nació en Atoyac, Jalisco, el 19 de enero de1918 y murió en la Ciudad de México el 20 de marzo de 2007. Comenzó su trayectoria intelectual como poeta, editor y crítico en la revista *Tierra Nueva* que fundó al lado de Alí Chumacero, Jorge González Durán y Leopoldo Zea. Gracias a libros de crítica e historia literarias, convertidos en obras de referencia y consulta, se encuentra entre las figuras centrales del panorama literario mexicano.

Con *Problemas literarios*, la *Literatura mexicana del siglo xx*, *La expresión nacional* y la antología *El ensayo mexicano moderno* estableció mapas y guías de lectura para navegar en las letras mexicanas de los siglos xix y xx. Al recuperar, ordenar, contextualizar, reseñar, analizar, caracterizar, presentar y periodizar una heterogénea cantidad de obras, planteó la interdependencia de la crítica y la historia literarias. Profundizó estos aspectos en los estudios y libros dedicados a las obras y las figuras de *Manuel Acuña*, *Ignacio Manuel Altamirano*, *Joaquín García Icazbalceta*, *Enrique González Martínez*, *Manuel Gutiérrez Nájera*, *Pedro Henríquez Ureña*, *Ramón López Velarde*, *Ignacio Ramírez*, *Alfonso Reyes*, *José Rubén Romero*, *Justo Sierra* y *Agustín Yáñez*. Muchos de sus hallazgos se basaron en la consulta de los archivos y las fuentes hemerográficas por lo que promovió y coordinó la colección de facsímiles en 26 volúmenes de las *Revistas Literarias Mexicanas Modernas*.

A partir de 1972, cuando publicó *Nezahualcóyotl, vida y obra*, centró su atención en la historiografía. En los seis tomos de

El mundo antiguo revisó, con mirada panorámica, la cultura y la literatura de la antigüedad. La llegada del hombre a la Luna, en 1969, lo llevó a hacer una recopilación de de textos religiosos, literarios e informativos, que publicó en el volumen bellamente ilustrado *La Luna*, Empezó a profundizar su conocimiento del siglo xvi con sus estudios sobre los cronistas y los conquistadores europeos llegados a América: *El "Códice Florentino" y la "Historia General de Sahagún"*, *El México antiguo* [antología de Bernardino de Sahagún], *Pasajeros de Indias* y *El mundo privado de los emigrantes en Indias*. Culminó esta labor con dos trabajos: la compilación, en cuatro volúmenes, de los *Documentos cortesianos* y la biografía sobre *Hernán Cortés*, su obra cumbre.

La docencia y el servicio público fueron otros aspectos que abarcó la trayectoria de José Luis Martínez. Durante tres años, fue secretario de Jaime Torres Bodet, cuando éste presidió la Secretaría de Educación Pública. Además de diplomático y diputado, encabezó instituciones culturales como el Instituto Nacional de Bellas Artes, los Talleres Gráficos de la Nación y el Fondo de Cultura Económica, entre otras. Impartió cátedra en la Facultad de Filosofía y Letras de la unam y en El Colegio de México. Dirigió la Academia Mexicana de la Lengua, fue miembro de la de Historia y Secretario de El Colegio Nacional.

Reunió una extensa biblioteca y en dos obras dejó constancia de su erudición y afecto por la cultura del libro: *Origen y desarrollo del libro en Hispanoamérica* y *Bibliofilia*. Tras la muerte del autor, la biblioteca fue adquirida por el Consejo Nacional para la Cultura y las Artes y puesta a disposición de los usuarios de la Biblioteca de México, en La Ciudadela de la Ciudad de México.

En 1955 publicó, dentro de una colección que dirigían Octavio Paz y Carlos Fuentes, *Problemas literarios*, donde reunió diversos ensayos sobre técnica y teoría literarias, sociología de la novela, la Revolución Mexicana y la literatura, los problemas de la cultura literaria de México y el ensayo "Situación de la literatura mexicana contemporánea", escrito en 1948, cuando José Luis Martínez tenía 30 años, que motivó en su momento lo que él mismo denominó como "una escaramuza literaria", descrita en todo detalle al final del mismo.

Qusiera dar las gracias, a nombre de mis hermanos y en el mío propio, a Jorge Pinto y a su editorial Jorge Pinto Books por participar, con la publicación de *Problemas literarios,* en el Homenaje a José Luis Martínez por su Centenario. Con ello se suma a las instituciones mexicanas y españolas que han contribuido al Homenaje.

José Luis Martínez y Hernández
Ciudad de México, abril de 2018,
Año del Centenario de José Luis Martínez

INDICE GENERAL

Presentación 1

IDEAS LITERARIAS

La técnica en literatura
I. El equivoco de la técnica 9
II. Técnica: naturalidad 11
III. Formas mentales comunes y estilos individuales 12
IV. Naturalidad, virtud escasa 20
V. Técnica como aprovechamiento artificioso . 21
VI. Técnica y estilo 23
VII. Técnica y visión del mundo 24
VIII. Técnica: valor previo 25

Problemas de la historia literaria
Vida de las promociones literarias 28
Constitución de las épocas literarias 32
¿Qué constituye lo histórico-literario en cada época? 35
Vigencia literaria y criterio literario 37
Objetivos de la historia literaria 39
Los tres pianos de la critica literaria 43
Apéndice [carta de Alfonso Reyes] 45

Vida del libro 49
Sobre la geografía poética 61

Cultura del paisaje 64
Lo mexicano y lo folklórico 67
Sobre la tradición cultural 70
Sobre la novela policial 73
Perspectivas de la novela mexicana 77
Economía poética 81
Sociología de la novela 85
Introducción a la estilística 89
El gusto literario 94
Sociología del gusto literario 94
Literatura y propaganda 94
Un cuento de Max Beerbohm 96

DOCTRINAS LITERARIAS

Misión de las letras y del escritor 99
Los escritores y el Estado 104
La Revolución Mexicana y la literatura 107
Situación de la literatura mexicana
contemporánea 112

Vida y actividad literaria 114
Literatura y actividades cercanas 116
Educación y práctica del oficio 120
Lealtad a la tradición 125
El libro y el pueblo 128
Caminos en el futuro 130
Breve crónica de una escaramuza literaria. 133

Los problemas de nuestra cultura literaria 141
I. insularidad 142
II. Subordinación 145
III. Los instrumentos de divulgación popular 150
IV. Cultura y pueblo 155

IDEAS LITERARIAS

LA TÉCNICA EN LITERATURA

J'ai tâché de lui dire (mais il est encore trop jeune pour comprendre ce que je ne comprenais pas non plus è son âge): ne t'inquiète que de la forme; l'émotion vient tout naturellement l'habiter. Une demeure parfaite trouve toujours un locataire. L'affaire de l'artiste, c'est de construire la demeure; pour ce qui est du locataire, c'est au lecteur de le fournir.

André Gide, *Divers*

I. *El equívoco de la técnica*

A fuerza de obvias, a fuerza de implacablemente imprescindibles, no le ocurriría a ninguno abominar de las convenciones formales del lenguaje, porque, para expresar sus inconformidades con el uso de las letras que significan los sonidos, con el agrupamiento de letras que forman y significan las palabras o los conceptos y con la unión de estas palabras que integran las oraciones, sería preciso servirse de las mismas fórmulas y técnicas expresivas que se pretendía abominar. Y, sin embargo, cuando la abominación se dirige a técnicas expresivas más complejas, y por ello más enrarecidas; cuando se ataca a los procedimientos de composición general, el tiro suele parar en un punto vulnerable, quizá por su misma calidad brumosa, que le depara el desprecio de los confiados en las virtudes del escritor buen salvaje.
No quiero reincurrir, con estas alusiones a cierto carácter formal y técnico de los medios expresivos, en aquel error de la lingüística que veía en la lengua una creación lógica, o un sistema de signos, o un fruto de la gramática. Vossler y su brillante escuela del "idealismo lingüístico" han venido a tiempo para desvelar en el lenguaje algo más que una desierta creación intelectual. La fuerza que lo crea, lo mantiene y lo renueva es una humedad espiritual que hincha y trasmuta los secos moldes de las palabras para comunicarles aquella vida que el escritor pueda destinarles. Pero, para que este enriquecimiento espiritual sea posible, sigue siendo condición precisa su disposición arménica, su

arreglo conforme a las íntimas estructuras mentales y, aunque sea frecuente pensar lo contrario, esta armonía y esta conformidad entre lo escrito y la mente que ha de recibirlo no son facultades espontáneas del hombre; más bien, no todos los hombres toman la pluma conservándolas y, muchos de ellos, no alcanzan a comprender hasta qué punto son indispensables estas cualidades y estas faenas técnicas en la literatura y cuál es la exacta connotación de este policía del estilo y de la composición que miran con tan malos ojos.

Si trato de explicarme por qué quiero deshacer este equívoco, alcanzo una razón muy inmediata y personal pero que supongo puede aprovechar y convenir a muchos otros. Es el caso que, interesado con alguna constancia en los problemas de la elaboración literaria —como un curioso que pretendiera desarmarlo todo, sin conseguir averiguar nunca las secretas causas del tic tac de los relojes literarios y mucho menos rehacerlos después de la exploración—, suelo tener continuas desavenencias con quienes todo lo confían a sus éxtasis o a su genio, o con otros que ven en la sola alusión al término "técnica de", referido a una clase cualquiera de obras literarias, una monstruosa profanación a la divinidad secreta e intocable de la poesía. Las referencias a los ensayos filosóficos que previenen al hombre de los peligros del tecnicismo no se hacen esperar y, pronto, me veo en la confusa situación de un sujeto que pretendiera disfrutar el perfume de las rosas con una terrible maquinaria, o crearlas sintéticamente. Y es el caso que, según mis alcances, sigo profesando un alegre respeto por las rosas, pero supongo que para poder surgir en el prado requirieron ciertas circunstancias rigurosas e imprescindibles —posibles de llamar: "la técnica de la rosa"— y que los más —no yo— tienen la delicadeza de olvidar.

No es otra cosa la técnica en literatura. Las creaciones del espíritu, como las de la naturaleza, exigen unas circunstancias, unos procedimientos, una técnica, en fin, que han de prever y preceder el paso de la verdadera poesía, o eso que antes se prefería llamar musa o inspiración. No todo es esperar su descenso, ni todo exclamarla inagotablemente. El jardín solicita abonos y humedad, tierra y aire, cultivo, cultura; y el espíritu otro tanto: la semilla y su flor, el estímulo inicial y la obra literaria consumada, surgirán como unos dones cual aquellos que Sor Juana llamaba "las finezas del divino amor", es decir, por añadidura, por gala y cuando todo ha sido dispuesto para su venida. Pues bien, la técnica en literatura es precisamente esta natural disposición de la tierra o de la lengua para que pueda recibir su legado, la rosa, la poesía; y nada más ni nada menos. Antes, pues, que antinatural, que monstruosa, no pretende sino reducir al lenguaje literario a lo natural que, si bien se mira, es cualidad que suele andar muy lejana de nuestras mentes.

II. *Técnica: naturalidad*

¿Por qué la técnica en literatura viene a ser una reducción a lo natural? [1] Veamos, en principio, cómo se nos presenta la literatura, no como creación, ni como elaboración, ni como materia de estudio, sino más estrictamente como simple comunicación. En este sentido, la literatura nos comunica, por medio de signos escritos, unas experiencias transidas de una peculiar esencia llamada poesía. (No apuremos demasiado la justeza de esta proposición que basta como ésta por el momento.) Mas para que esta comunicación de las esencias de la literatura sea posible tiene que hacerse, inexorablemente, en formas comunicables, es decir, en especies capaces de reducir a las formas mentales de un cierto grupo de lectores de una cierta etapa histórico-cultural. ¿Y qué otra cosa son estas estructuras de la mente, sino la sintaxis, la lógica del conocimiento y, en suma, los métodos para la intercomunicación humana? Los más esenciales movimientos y ritmos humanos se reflejan en ellas, que vienen a ser como otros cuerpos gemelos viviendo una vida semejante a la que reproducen. Aprendemos las esencias de toda comunicación literaria en cuanto su mecánica repite el movimiento de la vida: el nacimiento, la ascensión, la caída y el descanso cumplido; aprendemos los ritmos del lenguaje en cuanto se imprime en ellos el ritmo de la respiración y de las avenidas de la sangre; y recibimos la sensación de la perfección y la belleza cuando en una obra del espíritu sus miembros realizan un trabajo orgánico y planificado, cada uno moviéndose en su categoría y en su propia función para un fin armónico. En la música, los acordes o los arpegios en tono mayor nos dan una sensación de equilibrio, de obra consumada y serena, porque están articulados en intervalos que nos parecen el salto justo que cae firmemente en la nota a que se disparó su impulso inicial y, por el contrario, los de tono menor comunican un ansia, una angustia gris y húmeda, un estado negativo por esos muñones derrotados que dejan en las ondas, por ese salto en falso que declina a la mitad de su ciclo. Guyau, en unas páginas olvidadas, pero eficazmente esclarecedoras de estas indagaciones,[2] afirma que la impresión de la gracia o de la belleza se nos muestra en aquello en que obra el menor esfuerzo, en el trabajo más preciso y ágil, más aéreo, en la adaptación completa a un fin real o fingido, en el armonioso equilibrio entre la vida y su medio. En suma, aprendemos las esencias del arte en cuanto sus estructuras repiten los movimientos y los ritmos con que se mueve la vida misma del hombre y de las criaturas todas de la tierra. Concebimos esas esencias en cuanto gravitando en torno a estas estructuras de la vida, en cuanto acercándose o alejándose de ellas;[3] y toda noción estética, para ser comunicable, ha de reconocer en el movimiento de la vida, en sus formas naturales, su punto de origen y referencia.

Cuando en literatura hablamos de proporción, armonía, acuerdo, plenitud, arquitectura interna, o nos referimos en términos activos a elaboración, composición, planificación, estilo, retórica, técnica literaria, en suma, aludimos estrictamente a la conformidad de unas creaciones literarias con las formas naturales de la mente y de la vida.

III. *Formas mentales comunes y estilos individuales*

Pero en estas estructuras mentales, proyectadas en toda expresión literaria, no todo es rigurosamente común a todos los hombres y a todas las épocas. Las diferencias existentes, más o menos profundas, cuando han logrado estructurarse en sí mismas —y sólo entonces— constituyen los estilos individuales, los colectivos y los históricos. Y, sin embargo, sustentando estas diferencias peculiarizantes, persisten unas formas mentales que continúan siendo comunes y que, ofreciendo la repetición de las formas poseídas en común, posibilitan la comunicación de su contenido, y, por añadidura, la de esas formas no comunes, sino individuales, que hacen el estilo. La no existencia de esta base estructural común, la disposición de los elementos del discurso con arreglo a una pura peculiaridad mental, implica la obvia consecuencia de una escritura sólo comprensible quizá para su propio autor: a tal estado, disociativo de la lógica, llámasele locura.

Es aleccionante examinar cómo han ido mudándose en la historia estas capas no esenciales de las estructuras de la mente y con qué precisión se ha fijado su mecanismo en las obras literarias. Los estilos de épocas —al mismo tiempo que ofrecen sorprendentes analogías entre sus diversos órdenes mentales, por ejemplo, entre obras filosóficas y obras literarias, o entre la arquitectura y la literatura—,[4] son, casi invariablemente, una proyección de sus estructuras mentales características. Así, por ejemplo, si la Edad Media tiene una tendencia mental hacia la organización de sus nociones del mundo en la forma del silogismo, esqueleto fundamental de la escolástica, sus formas literarias revisten insistentemente un método gemelo: los debates de contrarios (debate del alma y el cuerpo, del agua y el vino, del amor y un viejo, etc.) cuya oposición se mueve siempre en vista de obtener un saber de salvación. El idealismo platónico, la preocupación por las esencias, en el Renacimiento, se proyectan literariamente en las idealizaciones conceptuales y de la naturaleza cuya huella es tan visible en la poesía española a partir de Garcilaso. Y no sería extremado añadir que en nuestro tiempo la estructura y el método de la fenomenología pueden descubrirse prolongados en algunas de nuestras más representativas obras literarias: el *Ulises* de Joyce, En *busca del tiempo perdido* de Proust, por ejemplo; es decir, descripciones neutras, documentales, de unas experiencias humanas, neorrealismo. Supongo que estas correspondencias tan reveladoras no han sido exploradas todavía y yo no hago aquí sino señalar muy ligeramente algunas de ellas. Quien estudie su proceso, sus determinaciones y sus formas históricas realizará un estudio tan interesante como eficaz para precisar las relaciones existentes entre las diversas esferas del pensamiento humano.

Peculiaridades mentales y estilísticas, como las recién aludidas, tienen aún una muy visible identidad en sus estructuras más profundas, puesto que se entroncan en una misma tradición cultural, la del pensamiento occidental, de la que no son sino algunos de sus estadios. Pero han existido otros tipos de pensamiento —arcaicos, especialmente— cuya estructuración mental difiere de la nuestra, occidental, no sólo en sus estratos superficiales, sino también en aquellos más profundos. Y así como nos es difícil comprender los sistemas y caminos de las reacciones que frente al mundo tienen los pueblos extranjeros, y así como cada uno de ellos posee una muy personal visión del mundo y la tiene también cada uno de los hombres, en mayor o menor grado y más o menos diferenciada y constituida, de la misma manera los hombres de épocas remotas y de culturas cuya tradición y continuidad hemos perdido poseen caminos para entender y expresar el mundo cuya guía nos es ya extraña. Estos caminos no son otra cosa que estructuras mentales con las que no poseemos ya sino muy poco en común y cuyos métodos podemos reconstruir con un esfuerzo que no excluye la intervención del azar. Entreguémonos a estas pesquisas examinando algunos casos de estructuras mentales arcaicas.

En los restos que conocemos de la poesía indígena mexicana de la altiplanicie —gracias a los cuidados de los misioneros y a las versiones fieles de Á. M. Garibay, mucho más merecedoras de crédito que las de sus predecesores—, sus especialistas señalan el empleo de una vieja técnica expresiva, el paralelismo, cuyo uso aparece abundantemente en las poesías arcaicas y que aún puede considerarse característico de ellas. La repetición cíclica de imágenes, de locuciones exclamativas, de apóstrofes, de apelativos, conforma este procedimiento, notorio en las estrofas que siguen:

Ah, la flor amarilla abrió su corola:
es ella nuestra madre, la pintada con divino muslo que vino de Tamoanchan.

La flor amarilla floreció:
es ella nuestra madre, la pintada con divino muslo que vino de Tamoanchan.

Ah, la flor blanca abrió su corola:
es ella nuestra madre, la pintada con divino muslo que vino de Tamoanchan.

La flor blanca floreció:
es ella nuestra madre, la pintada con divino muslo
que vino de Tamoanchan.

(*Canto a la madre de los dioses*)

La ilustración anterior no es el ejemplo más hermoso que pueda darnos la poesía indígena mexicana: es el que más ostensiblemente nos muestra este procedimiento denominado paralelismo. Otro tanto pueden señalarnos ciertos pasajes de los libros sagrados de los maya-quichés, el *Popol Vuh* y el *Libro de Chilam Balam de Chumayel.*[5] Del *Popol Vuh* es el pasaje siguiente:

> Entonces vino la Palabra; vino aquí de los Dominadores, de los poderosos del Cielo, en las tinieblas, en la noche; fue dicha por los Dominadores, los Poderosos del Cielo; hablaron; entonces celebraron consejo, entonces pensaron, se comprendieron, unieron sus palabras, sus sabidurías.

Ahora bien, en ningún caso encontraremos en estos ejemplos tipos de estructuras mentales según la forma oracional —característica del pensamiento occidental—: sujeto, verbo, atributo y complementos, articulados por medio de conjunciones, matizados y conducidos por artículos, adjetivos y preposiciones, y enlazados y recordados por relativos y pronombres, sino que, por una parte, puede decirse que no existen ni los pronombres ni los relativos —cuya función es recordar psicológicamente los sujetos— y, en su lugar, se repiten —paralelismos — esos sujetos uno al lado de otro, sin articularse, y, por otra, no se construye con los elementos dados una oración cíclica, sino un conjunto de proposiciones dirigidas a un tema común. El discurso, entonces, toma un aspecto estructural que puede representarse como un núcleo-sujeto del que parten radios-proposiciones cuya única relación es la contigüidad formal y mental, constitución ciertamente muy diversa a la de nuestra oración gramatical.

Un ejemplo más de estructuras arcaicas mentales puede reconocerse en la producción legendaria y narrativa que León Frobenius, Blaise Cendrars y otros han recogido de las tribus africanas —no en la forma reconstituida en que aparecen, por ejemplo, en *El Decamerón negro*, sino en su estado original—. El procedimiento mental de estas leyendas caballerescas, fábulas y cuentos coincide, en gran parte, con el registrado en la producción literaria de los pueblos prehispánicos: no existen en ellos ni el pronombre, ni el relativo y, para suplirlos, se repiten en cada caso los sujetos, puesto que no se concibe el antecedente. Si de alguna manera quisiera llamarse a estas estructuras mentales, propondría llamarlas estructuras por adición para diferenciarlas del tipo occidental que puede llamarse oracional u orgánico. Este breve ejemplo aclarara lo dicho: si se quiere decir "El rey Yama que iba a caballo", la oración se descompondrá en oraciones simples, como los cuadros sucesivos de una narración plástica, y se presentara así: "Yama es rey". "Yama, rey, tiene un caballo." "Yama, rey, va montado en su caballo."[6]

¿Quién lanzaría la primera piedra afirmando que esta organización "salvaje" del pensamiento es del todo extraña en nuestros días? No es necesaria una destacada agudeza para descubrirla en el estilo de algunos de nuestros escritores. Puedo evitar, entonces, fatigarme con esa enumeración.

Pero aun en procedimientos particulares del lenguaje pueden registrarse mecanismos arcaicos —si bien todavía cargados del esplendor de un bizarro fuego digno de reavivarse—. Uno de estos procedimientos particulares del lenguaje, y no el menos provechoso de los que solemos emplear, es el uso de comparaciones, metáforas, asociaciones, imágenes, símbolos, alegorías, parábolas, pertenecientes todos, en diferentes grados y cada uno según sus propios mecanismos, a un tipo de procedimientos lingüísticos consistentes en relaciones patentes o tácitas entre una realidad objeto y otra realidad de segundo plano que obra como referencia ilustrativa sobre la primera. Si exploramos los tipos de estas relaciones —cuyo juego ha ido afinando el tiempo— encontraremos que actúan por caminos lógicos, intelectuales, culturales, imaginativos, sensoriales, físicos, emotivos, etc., alargando o angostando las distancias entre la realidad objeto y la realidad evocada según la pretensión y capacidad imaginativa del poeta que las expresa; pero, en todos los casos, sirviéndose de saltos o relaciones mentales cuyo juego puede reproducirse espontáneamente, pues que se funda en capacidades comunes, como son las antes enumeradas. Ahora bien, los antiguos poetas germánicos, especialmente los islandeses, concibieron un procedimiento metafórico que no se basaba en mecanismos asociativos cuyo juego, poseído en común, pudiera crearse por el poeta y reproducirse por el lector libremente, sino que, para cada caso, establecían por anticipado ese juego. Estas menciones enigmáticas, estas metáforas monedas, recibieron el nombre de *kenning*, cuyo más conocido plural es *kenningar*, y alcanzaron su mayor esplendor hacia principios de 1200, época en que los *thulir*, o rapsodas repetidores anónimos, fueron desposeídos por los escaldos, poetas de intención personal. La obra de estos primitivos poetas no consistía, por tanto, como lo entendemos ahora, en la creación y exhibición de metáforas; su afán prefería retener y aplicar estos prefijados e invariables sinónimos.[7] Los *kenning* —supone Jorge Luis Borges, de quien recojo esta seductora exposiciones —[8] debían "ser estudiados en fila por los aprendices del *skald*, pero no eran propuestos al auditorio de un modo esquemático, sino entre la agitación de los versos". Se ignoran sus leyes y casi todo cuanto les concierne; pero es posible descubrir su predilección por el carácter funcional, su mayor aptitud para denunciar el movimiento o el empleo de los objetos que nombran, antes que su figura. Ostentan una vastedad y una agitada y ruda emoción que hacen presumible la poderosa alegría, el espeso humor o el primitivo goce verbal que los engendraron. Enfrentarnos a una muestra de ellos no deja de engañarnos respecto a su contenido: con ingeniosa suficiencia tendemos a sorprender metáforas de mecanismo común en lo que no es sino una clave arbitraria. Y tal engaño puede ser nuestro mayor deleite. En la *Saga de Grettir*, por ejemplo, se desliza esta información:

El héroe mató al hijo de Mak;
Hubo tempestad de espadas y alimento de cuervos.

Las del segundo verso, contra lo que puede suponerse, no son imágenes brillantes del ardor del combate y sus despojos. "Alimento de cuervos" es el prefijado sinónimo de "cadáver" y "tempestad de espadas" lo es de "batalla". Pero era posible obtener una mayor riqueza y una más provechosa confusión para sus lectores futuros, como puede observarse en esta canción:

El aniquilador de la prole de los gigantes
quebró al fuerte bisonte de la pradera de la gaviota.
Así, los dioses, mientras el guardián de la campana se lamentaba,
destrozaron el halcón de la ribera.

Al caballo que corre por arrecifes
de poco le valió Jesucristo.

"El aniquilador de las crías de los gigantes es el rojizo Thor. El guardián de las campanas es un ministro de la nueva fe, según su atributo. El bisonte del prado de la gaviota, el halcón de la ribera y el caballo que corre por arrecifes no son tres animales irregulares, sino una sola nave maltrecha. De esas penosas ecuaciones sintácticas la primera es de segundo grado, puesto que la pradera de la gaviota ya es un *kenning* del mar... Desatados esos nudos parciales, dejó al lector la clarificación total de las líneas, un poco *décevante* por cierto. La precelente *Saga de Njal* los pone en la abominable boca plutónica de Steinvora, madre de Ref el Escaldo."

Antes de abandonar estos deslumbrantes *kenningar* reproduciré algunos de los que ha compilado el mismo Borges:

gansos de la batalla	las flechas
fuego del mar fuego del Rhin fuego del dragón bronce de las discordias	el oro
bosque de la quijada	la barba
peñasco de los hombros castillo del cuerpo	la cabeza
caballo del pirata ciervo del mar patín del Viking halcón de la ribera	la nave
baño del cisne camino de las velas ruta de la ballena prado de la gaviota	el mar

teñidor de las espadas árbol del yelmo	el guerrero
viaje de las olas	la inundación
fragua del canto	la cabeza del skald
yelmo de la noche	la neblina
yelmo del aire	la sombra
ogra de la batalla querido alimentador de los lobos	el hacha
encuentro de las fuentes juego de los filos borrachera de las espadas	la batalla
riacho de los marea de la matanza rocío del muerto sudor de la guerra agua de la espada	la sangre
espina de la batalla pescado de la batalla roedor de yelmos perro de cadáveres lobo de las heridas rama de las heridas	la espada

De este poderoso esplendor de los *kenningar* rescatemos solamente su mecanismo. No nos sirven aquí, infortunadamente, más que para ejemplificar un tipo de procedimiento arcaico en el lenguaje que, unido al paralelismo de nuestros viejos textos indígenas y a las oraciones simples sin relativo de los africanos, nos ilustran respecto a estructuras mentales que ostentan diferencias más o menos radicales con nuestro tipo de organización del pensamiento. Las dificultades, las oscuridades, los engaños con que tropezamos en su examen reconocen su origen en la mentalidad que los creó, poseedora de mecanismos cuyo juego hemos perdido u olvidado. El tiempo muda también los pasos del espíritu, sus ritmos y sus designios. Y, para que nos sea dado recibir su comunicación, es necesario poseer en común con ellos una misma época o una misma tradición cultural. Las diferencias existentes entre las estructuras mentales individuales pueden ser transmitidas cuando las sustenta un sustrato estructural común; pero a medida que ese sustrato va desapareciendo, decrecen también las posibilidades de comunicación. Una de las funciones de la técnica en literatura viene a ser, precisamente, reducir al lenguaje a estos tipos estructurales cuya condición natural y cuya comunidad permiten su comunicación.

IV. *Naturalidad, virtud escasa*

Mas, por otra parte, esta expresión conformada de acuerdo con lo natural y lo poseído en común no es una aptitud que exista habitualmente en todos los hombres. Puntualicemos. No es habitual, pero sí existe originalmente en los hombres de una comunidad cultural e histórica. Los estilos que podemos llamar primitivos o rudos o arcaicos, por ejemplo, el del juglar anónimo del *Poema del Cid* o aun el de Berceo, no tienen compostura retórica, pero, edificados en una estructuración lógica no corrompida y utilizando los recursos del lenguaje vivo del pueblo —el más rico y el más eficaz— alcanzan naturalmente su gran poder expresivo y comunicativo al conformarse en las estructuras naturales y comunes por una acomodación espontánea, libre de vicios mentales; estos estilos poseen, en suma, originalmente estas aptitudes.

Los más, empero, al decidirse a tomar la pluma, han perdido ya esta aptitud original. Una represión extraña les impide escribir como hablan —según se jactaba el pulido Juan de Valdés— y, siendo incapaces de recobrar conscientemente las proporciones, caen en lo desmesurado. ¿Cuántas circunstancias determinan esta pérdida? Una moderada enumeración de ellas nos denuncia su naturaleza: corrupciones mentales idiomáticas, formas sintácticas elípticas o convencionales de una capa social, falta de ejercitación del discurso, insuficiencias mentales, corrupciones de la baja literatura, falta de comunicación y convivencia con los grandes modelos literarios del idioma, carencia lógica, carencia de la noción de las estructuras, etc. En fin, corrupciones lógicas en lugar del acrecentamiento y la conservación de las aptitudes naturales de la mente. En tal coyuntura, ha de intervenir la técnica para ilustrar a esas mentes en las formas estructurales que han olvidado y para reenseñarles esa arquitectura de las creaciones del espíritu.

Es significativo el hecho de que sean los escritores semicultos los que incurran con mayor frecuencia en aberraciones formales, en monstruosidades, en desmesuramientos y, sobre esto, en peregrinos denuestos contra las recomendaciones que se les formulan para que no olviden que sus escritos deben hacerse como los zapatos y las catedrales: eficaz y armónicamente dispuestos. No llegan a comprender que no se les pide más que no contradigan a la naturaleza y que reproduzcan su acuerdo, su armonía, su mesura. Existen quienes se expresan naturalmente con eficacia y proporción: para quienes lo natural es natural; pero, para estos otros que forman legión y que tienen a lo natural por lo monstruoso, sirve la técnica cuya misión es devolverlos a la proporción y a la armonía, reenseñarles la original arquitectura de las formas naturales que han olvidado.

V. *Técnica como aprovechamiento artificioso*

Hasta aquí hemos considerado la técnica literaria únicamente en su aspecto que podemos llamar imperativo, esto es, en aquellas cualidades exigidas inexorablemente en unos escritos para que sea posible tener una comunicación con ellos. Pero la técnica en literatura no tiene sólo este destino —la reducción a las formas estructurales comunes de la mente y de la naturaleza—; tiene, además, una función que sobrepasa a la naturaleza misma, que es ya antinatural y que aparece como fruto del ingenio humano, reedificando las fábricas simples del espíritu. La técnica, en este sentido, funciona como un aprovechamiento artificioso. Aquí llega a intervenir la retórica para enseñarnos los recursos expresivos del lenguaje, ya en la forma sistemática y dogmática de las preceptivas, o ya en esa otra manera más libre y personal como aprendemos de la experiencia tradicional, de los grandes autores o de los modelos espirituales de cada época, tipos de soluciones artificiosas al problema de nuestra expresión literaria.

Sistemática o cordialmente, aprendemos las deformaciones estructurales a que se reducen los escritos literarios para obtener unos efectos deseados; probamos la resistencia de los materiales, su eficacia impresionante; visualizamos —como decía el intachable Henry James— todas las elevaciones y los efectos de cada columna y cavilamos en el sitio que debe ocupar cada piedra del edificio que es la novela, el drama o el poema, y llegamos hasta aspirar, con el autor de *The Portrait of a Lady*, a construir obras literarias como los arquitectos construyen catedrales. Estas deformaciones artificiosas se imprimen sobre distintas regiones del cuerpo literario. Con la mira de obtener ciertos efectos expresivos, de enfatizar u oscurecer un elemento, de contrastarlo o destacarlo, de ganar una impresión tranquila o agitada, alteramos la secuencia de las palabras, de las oraciones, de los versos, de las estrofas, de los periodos o de los capítulos de la obra literaria; la reedificamos, en fin, para mover con mayor eficacia la sensibilidad o la conciencia de los lectores. Y no sólo toca esta reedificación al orden de los elementos; llega aun a su materia misma, a la entonación del discurso, a la perspectiva desde la que recreamos una experiencia humana, a la selección de los elementos, al estilo, a las formas sintácticas, a la calidad de los adjetivos, a la disposición y dosificación de esos elementos accidentales que son el ornato y la sazón de las obras literarias; buscamos, entonces, planificar hasta los últimos materiales de los escritos para descubrir, dentro de su contenido y en atención a su naturaleza, la arquitectura individual requerida imperiosamente por cada obra para que disfrute de su máximo poder expresivo, el movimiento natural de una criatura del espíritu, algo semejante a aquel rostro invariable y desde siempre existente que Swann, en la novela de Proust, sentía que le desvelaba la frase de la sonata de Vinteuil, y como si cualquiera otra forma fuese una impostura y corrompiera o manchara las líneas eternas de una realidad bella, y como si todo el trabajo del artista no fuera otro que esta delicadeza extremada, esta prudencia cariñosa y segura para rescatar de las sombras, para quitarle su velo, sin lastimarla ni mudarla y siguiendo y respetando sólo el secreto dibujo, a la estatua que le espera al final de su trabajo y su sueño.

VI. *Técnica y estilo*

Antes de examinar las normas imponderables que rigen la naturaleza de la técnica literaria, conviene esclarecer la connotación de otro concepto literario, del que nos hemos servido frecuentemente, y que suele confundirse con la noción que aquí estudiamos: me refiero al concepto de estilo.

Contando ya con una serie de funciones definidas en el concepto de técnica en literatura, las diferencias con el concepto de estilo se tornan eficazmente diáfanas.

Técnica, sintetizando los aspectos ya explorados, es la reducción a la lógica y a la naturaleza, la estructuración acordada a las formas mentales y el aprovechamiento artificioso de los recursos del lenguaje y de las reacciones de la sensibilidad y la conciencia de los lectores en un escrito literario.

Estilo[9] es, por el contrario, el espíritu de esos escritos —y no su esqueleto lógico—, es la humedad espiritual que su autor les ha comunicado, es, repitiendo unas palabras de Torres Bodet, "la cualidad inviolable" y "la proyección de la personalidad total". Llega aun a ser el matiz determinado por las incorrecciones de un escrito. Nada tiene de común, pues, con la gramática, con la que los profesores se desviven por confundirlo: ésta consiste en la aplicación de unas reglas y en la reducción de un producto literario a cierto mecanismo acordado por los gramáticos en complicidad con el uso y los modelos lingüísticos; el estilo, en cambio, es cuanto vence y burla aquellos preceptos y aquel uso, cuanto de inflexiones individuales penetra un lenguaje mostrenco. La escritura rigurosamente gramatical es aquella cuyo índice estilístico es cero, porque, precisamente en los desajustes entre las "categorías gramaticales" y las "categorías psicológicas", según la terminología de Vossler,[10] y en el grado en que esos desajustes sean individuales y representan la infusión de una humedad espiritual, radica el estilo de un texto literario.

Con todo, volviendo a la inicial oposición entre técnica y estilo, a pesar de las diferencias que los separan, precisa un acuerdo que los una, tal el que reina entre los huesos y el alma de un cuerpo. Una y otros se penetran, se condicionan y, como nacidos ambos de un mismo espíritu, excluyen divorcios y convienen espontáneamente en idénticas peculiaridades, siguiendo cada uno sus propios métodos y destinos.

VII. *Técnica y visión del mundo*

Acerquémonos, en fin, a explorar el reloj que mide esta noción literaria, el índice que señala su oscilación entre el acierto y el error. Un vicioso predominio de la técnica, un cuidado mayor para las estructuras literarias que para su contenido —sensible, por ejemplo, en ciertas novelas contemporáneas y en la poesía de una época, los siglos xvii y xviii, deslumbrada con los juegos del ingenio— denuncian el pecado en que suele incurrir la técnica en literatura: su crecimiento monstruoso o su desacuerdo con el contenido de que esas formas, resueltas por la técnica, son continentes.

El problema reside, pues, en saber qué ha de determinar sus proporciones y su naturaleza.

Como antes se ha aclarado, la técnica no es sino la arquitectura individual exigida por cada obra, y, en consecuencia, debe nacer de la obra misma, debe ser el esqueleto funcional de un cuerpo.

Toda obra lleva implícita una visión peculiar e intransferible del mundo, una atención especial para ciertos aspectos y unos modos especiales de enfoque y de traducción conceptual de esos aspectos seleccionados. Ahora bien, cada una de estas visiones del mundo lleva implicada también su propia fisiología respiratoria y su propia organización interna. Es decir, cada visión del mundo exige una técnica propia y, cuando un escritor ha logrado expresarla, su creación se nos presenta como una obra maestra. La preocupación de Marcel Proust por la captura, por la eternización del tiempo puro, se traduce con invencible maestría en sus frases movidas por esa ansia que se alarga, traza cálidos golfos, sigue largas sinuosidades de médanos y se enriquece apasionadamente de todos los guijarros que en su camino encuentra. La visión que del mundo tiene Huxley, como de un laberinto en que las soledades de los hombres y su entera impotencia para con el mundo y sus nociones se desvelan ignoradas entre sombras, pero trazando con su ceguera un concierto en el que cumplen sin saberlo sus destinadas partituras, se expresa con lúcida exactitud en la desarticulación que imprime al tiempo, en la composición de su materia novelística a base de plurales elementos, en la dislocación de sus perspectivas y en la disposición general de tales materiales trasmutados en grandes frescos contrapuntísticos de minuciosa perfección. Y otro tanto pudiera añadirse de la visión del mundo de cada uno de los grandes poetas y las arquitecturas formales de su poesía; porque sólo en cuanto esta visión del mundo se exprese en formas imperecederas e invente en su camino su propia arquitectura, puede hablarse de la supremacía de las creaciones literarias del hombre, llámense novela, teatro o poema.

La omisión de esta exigencia imprescindible trae consigo lo monstruoso o lo informe: el cuerpo no sostenido por el esqueleto requerido o el cuerpo sin ningún esqueleto. Un vicioso crecimiento de las estructuras —pero desatendiendo su categoría en la creación literaria— ha originado en nuestro tiempo obras que no son sino un esqueleto sin justificación interna al que se ha revestido de una serie de situaciones vitales.[11] Y, pecando por omisión, innúmeras obras novelescas, sobre todo hispanoamericanas, pierden toda posibilidad de solidez y de grandeza por su torpe descuido de la estructuración de sus materiales. Es quizá difícil sorprender la justa dimensión y consistencia de ese esqueleto, pero, si estrictamente no hay ninguna posibilidad de prescindir de él —si se ansía forjar una obra imperecedera—, no queda sino buscarlo. Las obras maestras que son el testimonio de nuestra dignidad, lo son por haber logrado ese acuerdo superior, esa conjunta nobleza de su carne y sus huesos.

VIII. *Técnica: valor previo*

¿Cuál es, pues, la vida y la condición de la técnica en la literatura? He intentado perfilar su naturaleza, sus límites, la función que le toca y la norma que debe determinarla. Resumiré brevemente: la literatura, para ser comunicable, debe hacerse dentro o en torno de las formas lógicas del espíritu. Estas formas, aunque por su naturaleza originales, se extravían por diversas circunstancias y, entonces, una de las funciones de la técnica es reenseñar estos arquetipos estructurales olvidados. Pero

la técnica en literatura no hace
sólo eso, sino que, además, funge ilustrándonos en un aprovechamiento artificioso de los recursos expresivos y de las reacciones que estos estímulos engendran. Su misión es, en fin, hacernos encontrar la arquitectura individual de cada obra, que ha de determinar, capitalmente, la visión del mundo que esa obra lleva implícita.

No es, entonces, la técnica en literatura ni ese impertinente policía que muchos quieren ver en ella, ni, como otros exageran, un valor predominante en el lenguaje escrito: es un valor previo, una disposición armoniosa de las formas para que pueda descender hasta ellas el don de la poesía. Compararla con el esqueleto de los cuerpos vivos es, sin duda, su más fiel y comprensivo retrato. La blanda, tibia belleza de la carne se erige a costa de su sombra animosa. Lo llevamos oculto, casi en el alma, y duele desnudarlo. Esconde, también, dentro de sí, una suave médula sangrante, tan viva como las más delicadas yemas.

1943

NOTAS:

[1] Lo natural entendido aquí como aquello que reproduce a la naturaleza, de suyo complejo. Y no lo natural en ese otro sentido de "naturalidad" que implica la creencia en la sencillez y en la simplicidad de las formas naturales. Tampoco como imitación realista de la naturaleza que, a su vez, es una actitud histórica literaria y no este acuerdo estructural a que aquí se alude.

[2] Guyau, *Los problemas de la estética contemporánea*, 1897: cap. IV, "Condiciones de la belleza en los movimientos".

[3] Esto es, que la exigencia de la conformidad de las creaciones del espíritu con las estructuras de la naturaleza no toca sino a un mínimo núcleo indispensable y deja un amplio espacio libre para estas oscilaciones. Campo adonde pueden ocurrir la comunicación de lo oscuro, de lo exquisito y de lo revolucionario contra la época cultural, posibilidades tan importantes puesto que son ellas las que determinan la vida o evolución de las literaturas.

[4] Son conocidos los ejemplos que emparejan a Dante con Santo Tomas, a Goethe con Spinoza, a Wagner con Schopenhauer, a Racine con Descartes, o los estudios comparativos entre la catedral medieval y la *Suma*. Véase, por ejemplo, el trabajo de Tomas Gurza, "La Catedral y la *Suma*", en el volumen *Del cristianismo y la Edad Media*, México, 1943. Alfonso Reyes alude a esta cuestión en *El deslinde*.

Prolegómenos a la teoría literaria, México, 1944.

[5] De estos libros y del antes citado, *Poesía indígena*, existen excelentes ediciones en la Biblioteca del Estudiante Universitario, tomos 1, 11 y 21 respectivamente, años 1939, 1940 y 1941, publicada por la Universidad de México.

[6] Tomo el ejemplo de Guillermo Díaz Plaja, *La ventana de papel (Ensayos sobre el fenómeno literario)*, Barcelona, 1939, p. 187.

[7] Estos *kenningar* pueden confundirse, aun por su rudo sabor, con los epítetos empleados en los poemas homéricos, con los que tienen, sin embargo, radicales diferencias. Los *kenningar* operan: *a)* como sinónimos invariables o claves, y *b)* en lugar de los objetos mentados. Los epítetos homéricos, por ejemplo, "Aquiles, el de los pies ligeros", aparecen, en cambio, como un añadido o característica acompañante del objeto. Procedimiento que pertenece ya a nuestro tipo de ideación modema.

[8] Jorge Luis Borges, "Noticia de los Kenningar", en *Sur,* núm. 6, Buenos Aires, Argentina, 1932, pp. 202-208.

[9] Estilo, tomado aquí sólo en esta precisa acepción filológica oponible al concepto de técnica: estilo como genio de una lengua —colectiva o individual—, como índole irreductible, como desajuste con la gramática. Porque, además, existe otro "estilo", del que se ocupa el crítico literario, que consiste en un aprovechamiento de esta masa gramatical y agramatical a la que superpone un nuevo valor, ya no fatal, sino intencionado; el valor estético. Así que su examen viene a quedar comprendido en el inciso que se ocupa de la técnica literaria como un aprovechamiento artificioso.

[10] Karl Vossler, "Formas gramaticales y psicológicas del lenguaje", en *Introducción a la estilística romance,* por Karl Vossler, Leo Spitzer y Helmut Hatzfeld, Buenos Aires, 1942, pp. 23-86.

[11] Véase *Imperial City,* de Elmer Rice.

PROBLEMAS DE LA HISTORIA LITERARIA

La formulación de una historia literaria implica, al mismo tiempo que una serie considerable de renuncias —de materiales, datos, teorías, etc. —, algunas enseñanzas sobre la vida de las letras que quizá no sea inútil rescatar. Semejante trabajo puede enseñarnos, principalmente, la rica y compleja trama existente bajo una superficie que debe mostrarse tersa y continua. Un capítulo suele incluir un movimiento literario desarrollado en un determinado tiempo y espacio, o el estudio de un género o de una generación, pero, tras de estas convenciones, fluye un mundo complejo del que no se ofrece más que una imagen estilizada, y por ello mismo provisional. Un momento literario suele representarse, en los textos, con el único signo del apogeo de una tendencia o de la madurez de un escritor; de hecho, junto a esta tendencia o este escritor afortunados, alientan muchos otros que el historiador consideró secundarios o que, en un periodo posterior, irán a ocupar el puesto preeminente. Como en la historia de los pueblos, en la historia particular de la literatura reside una injusticia invencible para aquellos que sólo forman el ambiente, pero que son dueños aun así de una historia mínima, semejante a muchas otras y no menos patética.

Pero puesto que tal injusticia parece irremediable, no emprenderé esa tarea. Los apuntes que siguen tienen por objeto registrar algunos aspectos de la vida de la literatura; aspectos en cierta manera previos a la historia literaria. Se dirigen particularmente a lo que pudiera llamarse el funcionamiento de la literatura y no tocan, sino incidentalmente, su función social. Todo esto examinado desde la perspectiva que dicha fisiología ofrece para el historiador literario, con exclusión de cualquier otro punto de vista.

Vida de las promociones literarias

El elemento básico de la vida literaria es el escritor; por ello, los pasos de su vida intelectual son el tema inicial de estos apuntes. Sin embargo, el escritor no suele aparecer, sino en casos excepcionales, aislado. Comúnmente, haciendo por una vez siquiera honor a su naturaleza social, surge a la literatura en grupos que, si tienen una particular cohesión ideológica y operante, reciben el nombre de generaciones, y si constituyen simplemente un grupo heterogéneo pero reunido inicialmente, el de promociones.

Excluyendo, pues, el caso excepcional y poniendo aparte la consideración imprevisible del talento y la capacidad literaria de nuestros ejemplos, el escritor en ciernes iniciará su vida literaria compartiendo, con algunos de sus amigos, las enseñanzas escolares que recibe y las lecturas que procura. La conversación en torno a esos temas comunes, unida a la semejanza de la circunstancia histórica en que vive el grupo de que forma parte el joven y posible escritor, irá conformando unos rasgos comunes en su formación cultural, en su sensibilidad y en su noción de la literatura que determinarán, en el caso de que llegue a constituirse, el carácter de esa promoción. Pero aún no estamos sino en los cimientos. Después de las lecturas sugeridas por la escuela, uno de los miembros del grupo, quizá el más curioso, inicia la exploración y se provee de un texto que le da por primera vez un contacto literario. Su lectura se transmite a sus compañeros, que reaccionan de modos diversos ante la revelación pero que, en mayor o menor grado, quedan inoculados por ella, con lo que inician propiamente su formación literaria. A este primer paso sigue una activa competencia, tanto en los descubrimientos como en los ensayos literarios que el grupo ha iniciado y que permanecen en una primera etapa de reconocimiento e imitación. Todos posiblemente comienzan haciendo versos, puerta más concurrida de la literatura. Algunos intentan la prosa narrativa o el ensayo; poquísimos el teatro. Y continúan sus lecturas y el aprendizaje de su pluma hasta llegar a otro momento decisivo, no ya de su vocación, sino de su significación en la historia de la literatura.

Arriban a la nueva crisis cuando uno del grupo recibe de un texto la noción de la modernidad literaria, punto real de partida para su obra. A la primera sensación confusa, el joven escritor opone su firme voluntad de conocimiento y de aprehensión de aquella materia rebelde. Tiene la ventaja, sobre el hombre maduro, de la agilidad elástica de su espíritu, aún no conformado, y le ayuda también su instinto de originalidad y rebeldía que siente auspiciado por aquel libro revolucionario. Con todo, la obra incitante no viene a ser siempre el nuevo peldaño. La experiencia nos ha mostrado cómo los maestros de muchos grupos no han sido más que escritores o corrientes literarias caducos o efímeros; cómo la literatura ha torcido la corriente abandonando a quien en un momento se creería el elegido, o cómo, en fin, muchos jóvenes han tomado como punto de partida de su modernidad lo que estaba vencido y olvidado hace ya muchos años. En estos casos, continuarán su obra y aun conquistarán, si tienen talento, la fama entre medios afines, pero unos años más tarde descubrirán que la crítica y la historia literarias los tratan secundariamente y comienzan poco a poco a ignorarlos, porque ese grupo les propone, precisamente, un problema insoluble de acomodación. Pero si esa promoción, por el contrario, acierta a descubrir el texto que significa realmente el nuevo peldaño, su obra se desarrollará a partir de él, corroborándolo o rectificándolo, pero siguiendo, de cualquier manera, un proceso histórico natural. Recoger la herencia de los abuelos o los bisabuelos, en lugar de hacerlo de los padres, quizá no tenga otro inconveniente que perder el incremento o la conformación especial impuesta por nuestros inmediatos antecesores al acervo cultural. Nos hace también vivir una vida ya vivida y realizada; repetir una experiencia sin riesgo pero sin ventura y emprender una carrera de relevos antes de nuestro turno, con el peligro de fatigarnos inútilmente antes de llegar siquiera al punto de partida que nos correspondía.

Sin abandonar aún el periodo de aprendizaje de la juventud, señalado por Ortega y Gasset en su ensayo sobre las generaciones, es decir, sin haber llegado todavía a los treinta años, la promoción literaria cuya vida seguirnos iniciará su aparición en el mundo de las letras. Naturalmente, optará por una revista literaria y, a través de ella, insistirá en que el mundo reconozca su existencia y el credo literario que sustenta. Como marco de los trabajos juveniles buscará la colaboración de aquellos escritores que ha reconocido como maestros —que, como más adelante lo advertiremos, vienen a ser los escritores que mantienen el criterio activo literario, y que, según la clasificación propuesta por Ortega, deben contar entre los treinta y los cuarenta y cinco años—, y el carácter de esos trabajos huéspedes señalará precisamente la meta ideal que por entonces persigue la promoción, pero que pronto irá abandonando o superando de acuerdo con las capacidades de cada uno de sus miembros.

La individuación anticipada ya dentro de la revista se marcará aún más con la publicación de los primeros libros. En ellos, no sólo vuelca el joven escritor todos esos lastres inútiles para la literatura que suelen ser las confesiones personales y la repetición torpe de una lección mal aprendida; prefigura casi siempre el desarrollo posterior de su obra. Pero pocos lo descubren y la reacción que le acoge suele ser la del silencio, con lo cual inicia un nuevo conocimiento: el del medio literario.

Conoce, entonces, que la república literaria se rige por leyes tan poco espirituales como las que mueven a los otros gremios; empieza a ser víctima de envidias y egoísmos, de puertas cerradas y de silencios, que exagerará o disculpará según su temperamento. Mas, tarde o temprano, irá conquistando su lugar y sus relaciones. Descubre, desde luego, al grupo de escritores de donde recibió el impulso y el sentido de la modernidad; inmediatamente después, inicia el conocimiento de los maestros veteranos, en su madurez unos, en su decadencia otros; y luego completa poco a poco el panorama total de su circunstancia registrando a los escritores de generaciones intermedias, a los olvidados, a los intermitentes, a los solitarios. Advierte también que no ha aparecido sólo su grupo en su época, sino que existen otros grupos u otros escritores aislados que son sus contemporáneos, con escasa diferencia cronológica. Y de todas estas exploraciones gana, al mismo tiempo que enseñanzas y experiencias, una noción aproximada de la literatura de su país y de su tiempo.

Pero su destino va más allá de la vida literaria y, orientado por lo que juzga valioso y prevenido contra lo que ha llevado al fracaso a muchos de los que le precedieron, el escritor joven continúa su camino por su cuenta, madurando lentamente su propia experiencia. Llegan los treinta años y con ellos la edad que Ortega señala como principio del periodo activo de su existencia. El escritor deja de ser joven, aunque todavía durante algunos años consienta con beneplácito en que se le llame tal, e inicia la época en que no bastan las promesas. Sin embargo, ya desde años anteriores venía percibiendo que frente a cada realidad él reaccionaba de una manera peculiar y aún tenía nociones propias sobre los temas que le preocupaban. Y si antes se había atrevido a enunciarlas con timidez, ahora comienza a hacerlo cada vez con mayor seguridad de sí mismo. Otros jóvenes llegan al campo literario, pero él ya no es uno de ellos, sino uno de los mayores en quienes está depositado el gobierno de las ideas y el ejemplo del oficio. Escribirá, pues, sus obras importantes, cuya calidad estará decidida sólo por la capacidad y la voluntad que rigió su crecimiento, puesto que, biológicamente, ha llegado para él el tiempo de la cosecha. Quince años propone Ortega, de los treinta a los cuarenta y cinco, como los pertenecientes a esta etapa. Podremos quizá añadir o restar algunos, de acuerdo con los ejemplos escogidos, pero en general ése es el lapso de madurez de los hombres. Nuestro escritor llegará quizá al término de esa etapa dispuesto aún a proponer valientemente su doctrina, que podrá ser aún la nueva doctrina; pero, un día cualquiera, un joven irrespetuoso le llama anticuado y él se encuentra con que ya no puede estar dispuesto a comprender y auspiciar las novedades del último barco. Una costra, cada vez más endurecida, le protege de los desdenes pero le aísla también de un movimiento en el que ya no participa. Su misión, de ahí en adelante, se reducirá a defender y conservar lo que antes había erigido y a continuar solitariamente su camino que va ingresando paulatinamente en la sombra. Es el tiempo de reunir y retocar sus obras completas, de publicar sus memorias, de recibir honores oficiales y doctorados honoríficos, de servir de tema de estudio e ingresar con pie seguro a las historias literarias, de ser invitado a un sillón de la academia y de aguardar en casa, como dice el soneto de Plantin, dulcemente la muerte.

Constitución de las épocas literarias

La imagen que las historias literarias nos suelen ofrecer de la vida de las letras tiene, necesariamente, un carácter sucesivo en el que no advertiremos a primera vista las superposiciones, las penetraciones y las complejidades todas existentes en la realidad y que al historiador le ha sido necesario organizar, convencionalmente, como apuntaba antes, en forma de secuencias desarrolladas en el único plano espacial que le permite la escritura. A fuerza de este cultivo histórico los periodos literarios se nos muestran, tanto más claros cuanto más distantes, como metódicas dinastías de escritores que van transmitiéndose y trasformando un legado. Con todo, basta algunas veces el descubrimiento ocasional de algún ingenio para trastornar la corrección del edificio. Es posible que se le encuentre un acomodo dentro del marco establecido; pero acontece también que su inclusión exija una reedificación considerable en el sistema que no le había previsto.

Los mayores problemas, sin embargo, radican para la historia literaria en la exigencia que tiene de convertir, en los planos espaciales antes mencionados, lo que es en realidad un tejido cuya profundidad no siempre se advierte. Un momento cualquiera de vida literaria activa comprende, además do los escritores y la tendencia literaria con que el historiador la caracteriza, muchos otros escritores y muchas otras tendencias en etapas diferentes de crecimiento y en condiciones cualitativas distintas también. Un obstinado, por ejemplo, podría trazar una historia literaria que no repita en lo absoluto ninguno de los nombres que constituyen la historia oficial y presente, respecto a las corrientes literarias, una cronología diversa, con sólo desatender los autores considerados significativos y entregarse al ingrato estudio de todos los desconocidos, tercerones, poetas lugareños y genios familiares. Los nuevos escritores destacados podrán, como he dicho, ser absolutamente diversos a los tradicionales; pero el desarrollo de las ideas literarias ofrecerá el curioso espectáculo de un crecimiento retardado que sólo digiere las innovaciones al cabo de cincuenta o cien años. Semejante posibilidad nos enseña, por una parte, la serie de convenciones por las que se gobierna la historia literaria, y nos muestra, finalmente, algo del amplio universo que bulle, inconforme y frustrado, tras la superficie oficial.

Los resultados de un corte en profundidad, realizado en un momento normal de vida literaria, pueden ser por ello ilustrativos. Recorrámoslo, de fuera a dentro, atendiendo a las distintas etapas de crecimiento en que se encuentran las promociones y generaciones literarias que coexisten —como coetáneas, diría Ortega— en ese momento ejemplar. En primer lugar, encontramos grupos de escritores en ciernes que se inician cada uno a su manera y anunciando más o menos aptitudes. Aún no llegan a agitar la superficie; sus fuerzas les bastan apenas para rizarla aquí y allá con la aparición de revistas literarias, libros titubeantes y su presencia, tímida o irrespetuosa, frente a los mayores. Como de las carreras universitarias, muchos de ellos desertarán, y los menos, y no siempre los mejores, continuarán el camino. Inmediatamente después, les siguen aquellos escritores que, superada la etapa de aprendizaje, han iniciado su madurez y con ella su actividad real en el mundo de las letras. Son aquellos que ven celebrados sus nuevos libros, aplaudidas sus piezas teatrales, imitados sus poemas; dirigen las revistas literarias, tienen acceso a las editoriales, dicen conferencias y comienzan a ocupar puestos directivos en asociaciones culturales. Entre un medio limitado, el gremio mismo de los escritores, sus opiniones son las vigentes. Viven, felizmente, en el breve periodo de apogeo de sus innovaciones y del nuevo tono que han impuesto a las letras. Pero al lado de ellos existen otros grupos que, aunque en su periodo de madurez, no han corrido con la misma suerte. Por algunas de las razones consideradas antes, su destino es el de los escritores oscuros y no les toca, si no es entre medios secundarios también, ninguno de los dominios que usufructúan los grupos que poseen un criterio activo. Son dueños, acaso, de revistas oscuras, de discípulos perplejos y de halagos críticos indeseables. Alguna vez, sin embargo, preferirán la disciplina de su voluntad a la exhibición de sus sentimientos incomprendidos y realizarán obras a las que es preciso atender con admiración. Suelen ser trabajos eruditos, estudios pacientes, compilaciones, arreglos a los que preside, sobre todo, la virtud de la paciencia antes que cualquiera otra.

Con una diferencia considerable en sus años, descubrimos luego a escritores de generaciones surgidas a la vida literaria treinta o más años atrás y que realizan, en el momento que consideramos, sus obras de madurez. La repercusión que ellas originan no tiene ya esos efectos de superficie causados por las obras de los grupos que mantienen el criterio literario activo. Son algo más que innovaciones seductoras y no son celebradas, por ello mismo, entre los que llegan, sino más bien en los círculos de hombres maduros, en medios académicos y en instituciones culturales. La relación de los escritores en esta etapa respecto a los jóvenes y a los que inician su madurez suele ser protectora y tolerante, generosa a veces, como de quien siente seguro un reino sin enemigos. Pero puede ocurrirles también esa actitud de recelo contra todo lo que ha venido tras su etapa creadora y se les ve entonces murmurando contra los descarríos de la juventud, incapaces de comprenderlos y alentarlos, y sólo dispuestos a la defensa de sus ideas y posiciones. Unos años más, o simplemente el agotamiento de sus aptitudes intelectuales, les llevarán a abandonar su posición noble aún de graves maestros por la de escritores supervivientes. Entonces escribirán cada vez menos y se repetirán cada vez más. Una idea nueva, un nuevo problema no despierta en ellos el antiguo fuego. Su pensamiento está por entero vuelto a aquella imagen feliz de los años mozos en que sus ideas fueron la modernidad.

Un género de escritores falta aún para completar el corte en profundidad de un momento literario: el de los escritores que, sin pertenecer precisamente a ninguna de las especies anteriores, viven al lado de todos, a la deriva. Tan pronto se les ve agregados incomprensiblemente a una promoción juvenil como participando en la vida intelectual de las generaciones actuantes; y es tan posible que realicen alguna vez una obra estimable como que ingresen a la academia. Constituyen, en cierto modo, la comparsa de la vida literaria; pero de su vida oscura suelen surgir al primer plano, quizá porque no se encontró nada mejor en el momento. Pero no sólo son escritores, pues harto dura les parece esa vida de forzados sin premio: profesionistas, empleados u oficiantes de cualquier especie, cultivan a ratos perdidos su huerto y están al asalto de concursos y juegos florales. Son, en fin, los escritores a la deriva.

Concluido este corte esquemático cabe preguntarse: ¿todas estas especies ingresan a la historia literaria? O bien, ¿cuál o cuáles de estas especies constituyen lo histórico-literario?

¿Qué constituye lo histórico-literario en cada época?

El problema más importante con que se enfrenta la historia literaria es, como puede advertirse luego de las consideraciones anteriores, el de la selección de sus materiales. Con todo, el problema no se presenta siempre con las mismas condiciones, sino que difiere, y muy considerablemente, según el grado de cultivo crítico que haya precedido al historiador y según la circunstancia cultural del campo seleccionado.

En el caso de una época literaria que haya sido estudiada abundantemente, el historiador tendrá por supuesto un trabajo menos abrumador que el que le espera si se trata de otra época virgen de todo cultivo crítico. De aquí puede inferirse una de las funciones de la crítica, que además de enseñar a leer —como decía Sainte-Beuve— puede también facilitar y encauzar el trabajo ya agobiador de por sí que toca al historiador. Y lo facilitará más generosamente si, además de ocuparse sólo de las obras distinguidas, lo hace también de las humildes y aun de las insignificantes; si es, en suma, una crítica constante, abundante y firme en su juicio, y puede mostrarle con claridad, dentro de la producción escrita total, lo que merece llamarse literario y lo que es significativo como obra literaria.

La otra circunstancia que hace variar las condiciones en que deba realizarse la selección implicada en la historia literaria, es la de la circunstancia cultural del campo seleccionado. Ulrich Leo ha hecho notar que las historias modernas de las literaturas antiguas prestan una gran atención a una serie de textos —actas, cuentas, catálogos, etc.— despreciados por las historias literarias modernas. Advirtiendo de paso que Ulrich Leo debiera aclarar que esa historia atenta a textos iliterarios ha dejado de ser provisionalmente literaria para ser historia de la lengua o de la cultura; la razón de tal inclusión no es otra que la reducida cantidad de documentos de que se dispone para reconstruir ese pasado literario. Pero si en lugar de proponernos la formulación de una historia literaria de una época remota, nos proponemos una moderna, la pobreza que deplorábamos antes se irá convirtiendo progresivamente en legión a medida que nos acerquemos a nuestro propio tiempo.

Puestos en este último caso, el problema selectivo vuelve a estar condicionado por el grado de cultivo crítico que haya precedido la tarea del historiador. Y ya que tratamos de exponer los problemas y no las teóricas facilidades que le esperan, supongamos que la época seleccionada, además de moderna, ha recibido un cultivo crítico deficiente. ¿Qué norma puede guiar en este caso al historiador para determinar lo que debe ingresar a su texto? ¿Cuál, volviendo a la pregunta que cerraba el punto anterior, de las especies literarias que entonces separamos constituye lo histórico-literario?

Concluimos también que, de hecho, era posible formular una historia literaria siguiendo a cada una de las capas que integran un momento literario; pero de ello no se deduce que tales historias sean una verdadera historia literaria, de acuerdo con lo que tácitamente entendemos por tal. Entonces, entre todas esas historias posibles, existe una que es la verdadera. ¿Qué es, pues, lo que ella toma entre la producción escrita de cada época? La respuesta es sencilla: corresponde por tema a la historia literaria aquello que, en cada uno de los momentos que comprende, presenta el mayor grado de méritos literarios, implicados de valores culturales, espirituales, sociales, etc., según la diferente condición de la obra de que se trate. Pero la res puesta sencilla poco a poco irá complicándose a medida que preguntemos: entre varios méritos literarios coexistentes en un momento determinado, ¿cuál es el que tiene una mayor importancia literaria? O bien: ¿con qué norma determinar estos méritos literarios? La respuesta a la primera pregunta deberá considerar primordialmente la significación de aquellos méritos para el desarrollo de la literatura, en cuanto propongan una nueva doctrina estética o persigan unos propósitos definidos. Pero no deberá desestimarse tampoco lo que puede llamarse un criterio activo, es decir, aquello que tiene una expresión más decidida en la vida literaria y que suele aparecer en revistas, manifiestos, antologías, juicios críticos y aun en historias literarias, ya que la literatura, además de expresión solitaria, es también expresión social y su acción operante queda determinada, en muchos casos, por la efectividad publicitaria que la difunda y la acerque a mayor número de lectores.

En cuanto a las normas para determinar los méritos literarios de las obras comprendidas, el criterio ideal sería aquel histórico, o mejor, historicista, que provee al historiador literario de la generosidad de juicio necesaria para juzgar cada creación de acuerdo con su propia medida estética, o como diría Worringer, de acuerdo con la voluntad de forma que la determina. Sin embargo, de hecho, el criterio puesto en práctica no es otro que el del historiador literario que será tanto mejor cuanto mayores sean sus dones y cuanto más objetivas sean sus normas, tales como las que sugieren los métodos histórico, psicológico y estilístico de la crítica, y la filología, la exegética, la teoría de la literatura: todas las disciplinas contemporáneas que tienen por tema el estudio de la literatura.

Vigencia literaria y criterio literario

Apartándonos de los problemas metódicos, consideremos, antes de examinar los objetivos de la historia literaria, un punto más de lo que hemos llamado fisiología de la literatura.

Los campos de acción de las ideas literarias no están determinados únicamente por la fuerza misma de esas ideas ni accionan siempre sobre un grupo uniforme de mentes. Provocan reacciones condicionadas por numerosas circunstancias de orden temporal, espacial y publicitario y operan sobre dos grandes campos de acción que podríamos llamar público y gremial, respectivamente.

Quiero aludir con esto último al hecho muy conocido de la discrepancia que existe en el mundo moderno entre las ideas literarias —y el término podría ampliarse y decir culturales— de la masa y de los escritores activos. Hubo un tiempo, se nos ha dicho, en que el poeta surgía, sin separarse del pueblo y cantaba luego para él con voces conocidas. Se irritaba quizá ante las innovaciones, pero participaba en el juego. A partir del romanticismo la separación fue ahondándose cada vez más, motivada por esa otra escisión, estudiada por Eliot, que hizo desaparecer la cultura como noción que implicaba el conjunto de formas de vida de un pueblo para sustituirla con otra cultura que no significaba ya más que un acervo de conocimientos y tradiciones transmitido dentro de una clase social limitada. En la actualidad no puede hablarse de una vigencia literaria pública que lo sea igualmente entre la clase o el gremio literario. La masa adopta unas ideas literarias determinadas sólo cuando mucho tiempo antes las ha abandonado el gremio literario. Lo que llamamos vigencia literaria —aceptación popular— está, pues, habitualmente disociado en el mundo moderno de lo que puede llamarse criterio literario, o sea el grupo de doctrinas literarias sustentadas por un sector profesional y activo dentro de la literatura.

Aparte de las razones profundas señaladas por Eliot, puede explicarse esta separación por la naturaleza del arte contemporáneo que exige una larga preparación intelectual previa antes de iniciar su gusto y comprensión. El hombre sin una predisposición ni un cultivo artístico adecuado no suele mostrar sino su extrañeza o su ira frente a un arte que ha echado por tierra muchos de los valores tradicionales. ¿Pero cuál es, entonces, el criterio artístico o literario que ese hombre común sustenta? La experiencia nos muestra que ese criterio es casi siempre el que prevaleció entre los grupos literarios activos hace cien años. Y así podría decirse que los criterios literarios pasan a ser vigencias, por lo común, con un ritmo cada vez más distanciado y que, en nuestros días, es de un siglo más o menos. El romanticismo, por ejemplo, criterio literario en 1830, ha venido a ser vigencia pública sólo hasta nuestros días. Dentro de un siglo, probablemente, las actuales tendencias de vanguardia vendrán a ser la norma conservadora que enfrenten nuestros descendientes al nuevo arte que entonces preconizarán algunos contumaces. Pero, por supuesto, existen excepciones; casos en que una obra o una tendencia literarias consiguen rápidamente una aceptación popular. Interviene entonces casi siempre, además de esos imponderables que pueden ser la especial disposición de las masas para acoger una obra determinada —recuérdese, por ejemplo, la boga que entre lectores rudimentarios, pero fáciles víctimas de una seducción enfermiza, tuvieron hace corto tiempo las novelas intelectuales y densas, por naturaleza antipopulares, de Thomas Mann—, ese nuevo poder de nuestro tiempo que se llama publicidad. Gracias a esa palanca irresistible, la novela norteamericana contemporánea ha alcanzado una difusión considerable y muchas otras obras para minorías han superado esa limitación para propagarse con éxito entre los grandes públicos.

La misión del historiador literario frente a estos problemas de la literatura de minorías y la "literatura primaria" —como las ha llamado Van Wyck Brooks quien, a este respecto, ha suscitado una dura réplica de Pedro Salinas— no pasa más allá de registrar las órbitas que describen los libros y sus lectores, independientemente de la justicia que los mueva. Van Wyck Brooks increpa a los minoritarios convocándolos a escribir una literatura primaria y saludable; Salinas recuerda que a los execrados minoritarios les son debidos todos los movimientos significativos en el mundo de las letras, y aun el llamado hacia la literatura primaria. Pero no es éste el lugar de tomar posición con uno u otro; ambos ilustran ese conflicto aquí esbozado entre literatura del pueblo y literatura de minorías. Para nuestro objeto basta con señalar su discrepancia y el ritmo aproximado con que el criterio de las minorías pasa, póstumamente, a ser vigencia de las mayorías.

Objetivos de la historia literaria

A pesar de que, hasta aquí, hemos considerado algunos problemas referentes a la historia literaria con la presuposición de que sus objetivos son claros y constantes, la proliferación moderna del género ha determinado diversos matices y formas que cabe examinar.

Aun la misma historia literaria tradicional, entendida como un estudio ordenado cronológicamente de los acontecimientos literarios registrados en un periodo temporal, en un espacio geográfico o en un sector de la literatura, ha sido emprendida por caminos antes inexplorados. Thibaudet ha realizado una historia literaria atendiendo especialmente a las generaciones; los ingleses y norteamericanos —especialmente los textos preparados en la Universidad de Cambridge— se inclinan por el excelente sistema de las monografías escritas por especialistas y ordenadas por un director de la publicación; Guillermo de Torre es autor de un ensayo de historia literaria que presta a las revistas la atención que suele concederse a los libros. Y a estas innovaciones más notorias habría que añadir las innumerables que, con pequeñas variantes, siguen aún el sistema tradicional. Historias de movimientos y de géneros; historias de periodos con limitaciones políticas antes que literarias —la de Baldensperger sobre la literatura francesa entre las dos guerras, por ejemplo—; historias con variantes en la disposición anterior de sus materiales: de carácter bibliográfico, como la de Needleman y Otis sobre la literatura inglesa, o discursivas a la manera de Brunetière y Menéndez Pelayo; historias ordenadas en atención a los géneros y movimientos literarios, a la sucesión cronológica, a las tendencias, a la comunicación de corrientes espirituales, o bien, las más sensatas que procuran atender proporcionadamente cada uno de los aspectos enumerados.

Estas variantes, con todo, no han perdido de vista el objetivo antes enunciado, que es posible modificar apreciablemente. En lugar del estudio de los acontecimientos literarios pudiera proponerse, por ejemplo, como objetivo de la historia literaria, el estudio de las ideas literarias. De hecho, una obra como la *Historia de las ideas estéticas* de Menéndez Pelayo es, en una porción considerable, una historia de las ideas literarias, a más de un ejemplo eminente de esta forma histórica. Sus diferencias metódicas respecto a la historia literaria pudieran ilustrarse como sigue: mientras a esta última le importa señalar, a propósito de un libro, su fecha de aparición y la significación que tiene en el desarrollo de la obra de su autor y en el desarrollo general de la literatura, la historia de las ideas literarias, frente al mismo caso, consideraría de preferencia el ámbito de la influencia cultural de aquel libro —ámbito que puede alejarse, y de hecho se aleja, de su momento inicial de vida. A la historia literaria le corresponde estudiar la evolución espiritual de la obra de cada uno de los autores que incluye, enmarcándola dentro de la evolución general de las letras en el periodo por estudiar; a la historia de las ideas literarias, en cambio, le basta con seguir el curso de las ideas dotadas de actividad en el mundo de las letras, independientemente de las etapas previas a su madurez que se hayan registrado en la mente del autor y aun de la significación que esa idea activa tenga dentro de su obra.

Sin embargo, una separación como la enunciada es tan poco frecuente como recomendable. Es posible la formulación de la historia de las ideas literarias; pero es casi imposible y falsa una historia literaria que no preste una atención sostenida al curso de las ideas literarias. Quiero decir que la primera puede existir plausiblemente sola; que la segunda no puede hacerlo, y que lo mejor es la conjunción de los propósitos de la una y de la otra.

El filólogo alemán Ulrich Leo, en su ensayo *El problema de la historia literaria* (Caracas, 1942), ha expresado al respecto conceptos que enriquecen los anteriores puntos de vista. Considera Leo que el objetivo de la historia literaria —que es para él estudiar el desarrollo de las formas artísticas del lenguaje— es inalcanzable para dicha disciplina en cuanto le es preciso ocuparse demasiado en los asuntos, en los motivos, en el contenido de la literatura, es decir, en cosas "pura y crudamente materiales". Y puesto que sólo al filólogo, cuyo propósito es realizar una monografía del estilo, le es dado desentenderse de estos menesteres inferiores para tratar "con profundidad filosófica y exactitud filológica adecuadas lo que únicamente interesa desde un punto de vista elevado y científico", sólo él puede llevar a cabo esa tarea imposible de realizar para el historiador literario. De esta manera, la historia literaria, para Ulrich Leo, viene a ser una ciencia auxiliar de la filología, preparando y limpiando modestamente el suelo que ésta deberá labrar posteriormente.

Resulta fácil advertir en la exposición anterior la defensa de las virtudes de la filología sobre las de la historia literaria, cuyos propósitos pueden distinguirse sin menoscabo ni servidumbre. Aquí, de nuevo, se pretende separar uno de los ingredientes necesarios de toda historia literaria valiosa, que puede ser por sí solo una disciplina importante pero que, de hecho, se le incluye cada vez más dentro de los métodos de la crítica y la historia de las letras. Corrigiendo las exageraciones especialistas de quienes pretenden hacer de la estilística una ciencia incontaminada, otros filólogos contemporáneos juzgan que no deben omitirse en los estudios de esta naturaleza junto a la reconstrucción del proceso interior de creación de la obra literaria, todas aquellas consideraciones filosóficas, históricas, psicológicas, biográficas, sociales, etc., que pudieran enriquecer su comprensión; lo que visto desde la perspectiva de la historia literaria viene a ser el ensanchamiento que mencionaba antes como cada vez más frecuente en los métodos de que se sirven la crítica y la historia literarias.

No es inadmisible el que la historia literaria sea, como en particular afirma Leo, una ciencia auxiliar de la filología o de la estilística, entendida ésta como especialización incontaminada o contaminada provechosamente. Con todo, me inclinaría a trasladar la servidumbre, como en párrafos anteriores lo he insinuado, a la crítica literaria más dispuesta por su naturaleza a esta clase de empresas. En efecto, la crítica literaria, funcionando paralelamente a la producción literaria, debe prestar una atención considerable a ese cúmulo de circunstancias materiales en que se origina la obra artística y que tanto inquietan al filólogo Leo. Es más, difícilmente puede librarse de examinarlas prolijamente. La historia literaria, por el contrario, se encuentra ya un paso más adelante en el camino de la pureza; puede desentenderse de muchos pormenores que han quedado digeridos por su predecesora y le es dable seguir el desarrollo de las formas artísticas del lenguaje con una libertad menos embarazada en pormenores. Y en el peldaño inmediato superior, para acatar los deseos de Leo, quedaría el trabajo del filólogo o la monografía del estilo que, apoyándose en el desbrozo inicial de la crítica y en el labrado general de la historia, viniera a estudiar lingüísticamente los textos o a examinar el contenido espiritual de los valores formales de la literatura.

Pero esta gradación a que nos ha llevado el examen de las ideas de Ulrich Leo puede ser objeto de una exposición más amplia si prescindimos de la innecesaria idea de la servidumbre.

Los tres planes de la crítica literaria

Partiendo del esquema anterior, y aunque fatalmente incurramos en repeticiones, tratemos de precisar las funciones de cada uno de los planos en que opera la crítica literaria, nombre genérico que adoptamos provisionalmente, aunque de hecho se aplique por lo común al primero de ellos.

1° *Crítica seleccionadora:* es la primera operación crítica a que se sujeta la producción escrita, con aspiraciones literarias, de una época. Trata de investigar, dentro de esa producción, qué es y qué no es literatura, y al mismo tiempo inicia la descripción de los caracteres externos de la obra en cuestión e intenta fijar su significación en el desarrollo literario de su autor y aun dentro de la evolución general de la literatura a que pertenece. Señala también las fuentes, las tendencias, el género de la obra. Es el campo de aplicación del impresionismo —crítica independiente, dueña de todas las libertades poéticas de la creación, la ha definido Reyes— y aun de la crítica psicológica. En menor grado aprovecha también los métodos históricos y estilísticos, característicos de los siguientes planos, aunque no pueda servirse de ellos con el rigor que exigen, puesto que trabaja con materiales desconocidos y por aproximaciones.

2° *Historia literaria*: incluimos en este plano todos los estudios de carácter sistemático, integren o no una historia literaria propiamente dicha, con exclusión de los definidos en el grado siguiente. Apoyándose en las exploraciones de la crítica seleccionadora, la historia literaria organiza un sector determinado de obras y de acontecimientos literarios en órdenes cronológicos, genéricos, temáticos, geográficos, etc., atendiendo muy especialmente al desarrollo de las formas artísticas del lenguaje. Su objeto es la descripción externa de las obras literarias significativas, incluyendo datos bibliográficos, textos, variantes, estímulos, temperamento del autor, influencias, significación circunstancial y objetiva, opiniones emitidas sobre la obra, caracteres, lenguaje, acción, asunto, métrica, técnica de composición, etc., y ya en posesión de estos datos, establecer la significación histórica de cada autor, obra o tendencia dentro del cuadro general de la literatura y de la cultura.

Opera la historia literaria principalmente según el método histórico, tal como lo ha definido ("Avant propos", *Hommes et libres: études morales et litteraires,* París, 1895) y practicado en sus obras Gustave Lanson, por ejemplo, y expuesto Alfonso Reyes ("El método histórico en la crítica literaria", en *Tres puntos de exegética literaria,* México, 1945), quien asienta que este método "se propone explicar cuanto es explicable en la obra por la base biográfica y la causación histórica". Pero, además, la historia literaria puede también servirse, aunque con menores frutos, de los métodos impresionistas o psicológicos de la crítica seleccionadora y aun de los métodos estilísticos de la ciencia literaria.

Y 3° *Ciencia literaria:* es el campo de operación de los diferentes métodos críticos de que se sirven los grados anteriores, sólo que empleados en su mayor pureza y con todo el rigor científico posible, desentendiéndose de las aproximaciones inseguras del primero y del aparato y composición históricos del segundo. Alfonso Reyes considera con razón que sólo la integración de los diferentes métodos puede aspirar a la categoría de ciencia; sin embargo, cada uno de ellos, sucesivamente, ha tenido una boga considerable y pocas veces se les ve aplicados juntos. Cada pueblo pone en ellos muestras claras de su índole (entre los alemanes, de manera general, las disciplinas que tienen por objeto a la literatura tienden a convertirse en ciencia y en filosofía; entre los franceses, en arte, y entre los ingleses en teoría práctica), y cada escritor la marca propia de su temperamento y de su genio. Actualmente, la ciencia literaria propende a servirse del método estilístico según lo han expuesto y aplicado Charles Bally, Karl Vossler, Leo Spitzer y otros. De acuerdo con sus ideas, el objeto de la estilística o estilogía es precisar la índole y los ingredientes formales de la obra literaria, sus métodos expresivos y los humores subjetivos de que nace empapada la palabra. Antes que ocuparse de la descripción y reconstrucción de las circunstancias exteriores e históricas de la obra, o de formular juicios valorativos o consideraciones a propósito de tal obra, la estilística quiere reconstruir —dice Amado Alonso— lo de dentro del poeta; "aspira a una re-creación estética, a subir por los hilos capilares de las formas idiomáticas más características hasta las vivencias estéticas originales que la determinaron".

1946

NOTAS:

* Publicada en A. R, *De viva voz, 1920-1947*, Editorial Stylo, México, 1949, pp. 44-49.
[1] Jules Romains y G. Chenneviére, *Petit traité de versification*, 3ª ed., nrf, París, 1923. Curiosas coincidencias con Daniel Castañeda, *Ensayos*, México, 1935.
[2] *Actualité* de Victor Hugo. Librairie Française, S. A., México, 1944.
[3] Véase, en este mismo vol. [*De viva voz*], "Jules Romains en el Instituto Francés de la América Latina".

APÉNDICE

En relación con el ensayo anterior, el maestro Alfonso Reyes me dirigió la carta siguiente,* que me honro en reproducir:

25 de marzo de 1946

Mi querido José Luis Martínez:

Si yo no tuviera ya noticia de usted, me hubieran bastado sus páginas sobre "Algunos problemas de la historia literaria" (*El Hijo Pródigo*, México, febrero de 1946) para reconocerle una rara capacidad crítica y el don de abarcar los extremos del fenómeno literario.
Su pequeño ensayo, algo sumario todavía y de propósito despojado de ejemplificaciones que lo hubieran hecho más ameno, pero muy dilatado, me parece un programa para desarrollos futuros, una verdadera hipótesis de trabajo. Y desde ahora celebro sus conclusiones sobre la necesidad de la integración de los métodos, que —como usted sabe— es mi caballito de batalla. Por considerarlo, así, como un propósito de manchar la tabla, para después ahondar en el tratamiento

particular de todos los relieves (pues su ensayo lleva una promesa implícita en que usted no habrá de defraudarnos), me siento tentado a proponerle una información, que seguramente le será útil. Al fin y al cabo yo voy entrando ya poco a poco en esas etapas que usted traza con elegante y sobrio rasgo al final del capitulillo sobre la "Vida de las promociones literarias", y experimento con frecuencia la necesidad de ir distribuyendo mis afanes entre gente nueva y capaz de adelantarlos con mejores bríos.

Sucede, pues, que vive hoy entre nosotros el escritor Jules Romains, a quien, entre sus muchas excelencias, no siempre se concede cuanto le corresponde como teórico de las literaturas. Todos hablan del "unanimismo", es cierto; aunque muchos, queriendo convertirlo en receta, adulteren el propósito con que fue definido. Menos son los que conocen las teorías métricas de Jules Romains y sus ensanches sobre el procedimiento de la rima, transportada al campo infinito de los "acordes". Contados los que saben que, en otro tiempo, organizó un curso de técnica poética en la Escuela del Vieux Colombier.[1] Pocos han reparado en sus intuiciones sobre la génesis del poema, a propósito de lo cual hay un pasaje inolvidable en alguno de los volúmenes de su novela en serie, donde una obra parte de una palabra escogida casi al azar. Y no se ha comentado en todo su valor una manifestación tan excelsa como su reciente conferencia sobre Victor Hugo, cuyas observaciones estilísticas sobre la lengua poética sajona —aislada e inmune en cierto grado—, y sobre la velocidad del flujo en la lengua latina —con declive hacia la poesía oratoria— valen un Potosi.[2]

En cierto curso desarrollado hace pocos meses en el ifal (Institut Français de l'Amérique Latine),[3] cuyas especies corren riesgo de perderse, porque Jules Romains no ha escrito sus lecciones, recogí esta sugestión de conjunto sobre la complejidad de la historia literaria, que es a lo que quería yo llegar.

Hay —decía Jules Romains en sustancia— cuatro historias posibles de una literatura o, si se prefiere, cuatro vetas que no se confunden necesariamente, aunque pueden entrecruzarse:

1° Una historia de las opiniones del "gran público", historia del "éxito contemporáneo". Victor Hugo envidiaba la fama de Beranger. Verlaine decía: "¡Si yo pudiera alcanzar la posición de Rollinat!" Mallarmé fue blanco de las burlas de todos los periodistas de su tiempo. Alguna razón deben tener los contemporáneos, pero mil veces resulta incomprensible a los ojos de la posteridad. Y todavía hay que distinguir aquí entre el público de las mayorías irresponsables y el de las minorías selectas. Por ahí hay antologías destinadas a mostrar lo que era tal o cual escritor a los ojos de sus contemporáneos, pero esta historia nunca se ha escrito metódica y sistemáticamente. Por supuesto, José Luis, habría que completarla con un examen sobre la evolución del juicio a propósito de los escritores, desde su respectiva época hasta nuestros días. Algo se ha hecho, en español, sobre el Quijote. Tiempo hubo en que se citaba a Solís y Rivadeneyra, el historiador de México, como poeta de talla, al lado de Calderón de la Barca. Y bien sabemos que, en el resplandor de éste, aquél desaparece del todo, "como arista seca el fuego". Yo he hecho algún apunte sobre *El Periquillo Sarniento* y la crítica mexicana. Por último, hay el misterioso juicio secreto, el de las capillas literarias, el que no se escribe porque parece obvio, el juicio que podemos llamar, en una palabra, dictamen de la tertulia. En el café literario de Madrid ha quedado gran parte de la apreciación que se concede a determinado autor, a veces para desecharlo del todo. Y de aquí que, de pronto, aparezca un crítico extranjero tomando muy en serio algún libro condenado ya en su patria de origen.

2° Historia de la literatura como expresión de la sociedad, según la perspectiva sociológica que puede desprenderse de Taine. Tipo que se enlaza con el anterior, a través del análisis de las causas del éxito. Nuestra América, que ha producido una literatura abundantísima bajo los estímulos sociales, no siempre movida por aquella "voluntad de forma", que decía Worringer y a que usted se refiere, podría ser un campo fecundo para este tipo de investigaciones. Algo parecido ha hecho Ver non Louis Parrington *(El desarrollo de las ideas en los Estados Unidos)*.

3° Historia de la literatura concebida como actividad especial y autónoma, con sus leyes, por decirlo así, extrasociales: escuelas, formas, técnicas, estilística, etc. Jules Romains se refería aquí, como ejemplos, a Brunetière y a ciertos ensayos de nuestra minerva. Usted ha mencionado otros más, entre los "estilísticos" de nuestros días. También puede fácilmente descubrirse el secreto enlace entre ese tipo y los anteriores.

Pero conviene defenderse de la tentación de reducirlo todo a un denominador común, pues dentro de una misma época se advierten extrañezas, hiatos y aun incompatibilidades: Cézanne, Zola, Mallarmé, Débussy, son más o menos coetáneos. La base puramente sociológica explica, a veces, tanto, que acaba por no explicar nada o por escamotear lo específico.

4° Finalmente, Jules Romains nos hablaba de la historia de la literatura entendida como simultaneidad o como sucesión de milagros, de genios y de obras maestras, que se rehúsa en principio a la conciliación con los tipos anteriores; que ve en las obras fenómenos absolutos, desencajados o abstraídos de tendencias y de relaciones históricas. Tal camino lleva a la legitimación de lo absurdo y lo fortuito, y hace ver cómo, por instantes, una corriente de mediocridad aparece representada por un genio.

Medite, redibuje a su modo, ahonde en el cuadro anterior, clasifique y subclasifique usted unos cuantos casos. Le prometo que llegará a buenos resultados.

El criterio principal de la historia literaria es la "trascendencia". Pero ¿qué entendemos por tal? ¿La influencia inmediata, la influencia mediata o "resurrección"? ¿O todo eso que, sin ser, "influencia", se llama, en términos técnicos, "fortuna" de una obra? ¿O bien la persistencia de la obra precisamente como rareza y cosa insólita, que no engendró o no pudo engendrar familia? ¿O todo ello junto? He aquí otros tantos extremos dignos de su examen.

Muy cordialmente suyo.

Alfonso Reyes

VIDA DEL LIBRO

En verdad, nada nos sería más difícil de explicar satisfactoriamente que un libro, ni siquiera parecido físicamente a cualquier cuerpo natural. Los primitivos papiros y pergaminos se guardan arrollados, lo que aún, de alguna manera, podía recordarnos las superpuestas cortezas de un árbol, una encogida hoja de otoño o el simple envolverse eterno de las olas. Pero un libro es ya rigurosamente incomparable; es una pura creación humana, antinatural, intelectual. No tiene nada en común con la naturaleza, no parte de una imitación ni de un aprovechamiento ni de una prolongación de lo ya dado. Un automóvil o un aeroplano son, en este sentido, más lógicos, más naturales, y también más explicables. Podemos reconstruir su proceso: el dinosaurio antediluviano, el caballo y el asno, la tracción humana o animal en los palanquines o en las andas, y luego, la invención de la rueda con su ciclo iniciado en la carreta y terminado en los medios modernos de locomoción, son los estadios de lo que podemos llamar la ascendencia del automóvil. Y por lo que toca a los aeroplanos, bástanos recordar aquellos precursores esquemas de Leonardo, que trataba de aplicar la técnica del vuelo de los pájaros al hombre, añadiéndole unas nostálgicas alas, para imaginar el proceso de esa evolución, de ese desprendimiento de la naturaleza. Alfonso Reyes ha rescatado del olvido un peregrino librito llamado *Si el hombre puede artificiosamente volar*,[1] que nos ilustra sobre una etapa de este sueño del vuelo que antes he llamado nostálgico, por cuanto tiene de añoranza de la naturaleza angélica y volátil que hemos perdido. A fin de cuentas, concluimos que el hombre se ha salido con la suya, con su capricho o su nostalgia y ha vuelto o comenzado a volar a imagen de los aún no pecadores pájaros, robando minuciosamente sus secretos, aunque no la totalidad ni la gracia de su arte (¿es posible un vuelo más hermoso, más reposadamente solemne que el del "zopilote" mexicano, cuyas tristes faenas terrestres se olvidan ante su belleza en el aire?). Todos estos pasos intermedios, decía, nos explican con mucha precisión los momentos que han ido cruzando los inventos humanos; estos pasos intermedios nos los hacen, también, naturales de alguna manera. Pero, en cuanto al libro, que es lo que aquí nos interesa, no es posible establecer esa evolución; porque ellos, como antes escribía, se quedan aislados en sí mismos y sin ningún árbol genealógico posible a partir de su aparición. Sus historiadores pueden ilustrarnos acerca de sus transformaciones, de las diversas técnicas que se han empleado en su confección, tan enriquecidas a partir del momento de la invención de la imprenta en los albores del Renacimiento, pero nada podrían decirnos de las raíces naturales a que respondan. Ellos no están sino nacidos de la sola inteligencia del hombre, de su invencible ansia de inmortalidad, y ésta es una ascendencia más ilustre que ninguna, porque, si no parten de la naturaleza, si no aprovechan ninguna creación espontánea del mundo, nacen del puro afán del pensamiento humano y son una de sus más íntimas y decisivas creaciones.

La vida de los libros se nos ofrece en principio partida en tres etapas bien diferenciadas. Abarca la primera aquel proceso inicial de su escritura, desde los primeros estímulos que mueven al presunto escritor hasta el acto de la entrega del manuscrito al también presunto editor. Acompañar los infinitos pasos intermediarios, el complejísimo proceso de la creación de una obra, nos ofrecería el espectáculo del laborioso nacimiento de un cuerpo articulado, viviente y, muchas veces, hermoso. Pero conducir al lector hasta la intimidad de esta etapa requeriría una penetración y una experiencia singulares.

La segunda etapa se inicia en el momento mismo en que el editor recibe el manojo de cuartillas e inicia el proceso de su confección en libro. El papel empleado, los tipos de imprenta, la ilustración, la formación tipográfica y el diseño general serían algunos de los capítulos de esta etapa en la que no habría que olvidar las faenas del linotipista, del corrector de pruebas, del formador, del impresor y del encuadernador, de cuyas manos el libro pasa a las del librero intermediario. Y quien quisiera disertar sobre esta etapa de la vida del libro habría de ser, naturalmente, un hombre del oficio, un maestro tipógrafo. Mas cuando este maestro tipógrafo, sabio en realizar su libro y capaz quizá de discurrir sobre su oficio, entrega su hechura al librero, y de este poseedor transitorio pasa a otro poseedor más constante —salvo las imprevisibles desventuras o ligerezas que pueden desposeerlo—, que es el comprador y el probable lector, el libro ha ingresado a su tercera y decisiva etapa, al campo mismo de su destino, que es el ser leído, o, al menos, poseído. Y a esta tercera vida, cuya naturaleza a todos es accesible, a estas variadas circunstancias que nos ofrecen los libros como cosas primero, como lectura después y al fin como moción humana, como testimonio y como acción viva sobre nuestra vida, es a la que quiero dedicar estas páginas.

La primera circunstancia que nos ofrecen los libros, antes de que nos sea posible considerarlos como meras cosas, es el hecho de su adquisición, es decir, las diferentes maneras por las cuales vienen a ser poseídos por su presunto lector. Innumerables son estas maneras de adquisición, tantas como las veces que cada uno de los lectores compra un libro, y tantas, también, como los variados tipos de lectores. Venimos a poseer un libro porque lo heredamos, porque se nos regala por su autor o por su lector, porque lo compramos o porque lo robamos. Pero en cada una de estas maneras caben abundantísimos matices determinados por mil azares y por la cualidad misma del sujeto. Hay el comprador incidental, cuya esporadicidad puede estar determinada por multitud de circunstancias, y el comprador constante que a su vez puede serlo por pura afición, por curiosidad, por exigencias profesionales y, en el más frecuente de los casos, por vicio. Valery Larbaud comentaba deliciosamente *Ce vice impuni, la lecture* y, tanto como de él, fuera posible hacerlo del simple y llano y me nos comprometido comprar libros, vicio funestamente más constante que la lectura de esos libros. Hay, todos lo sabemos, personas que adquieren una biblioteca entera sólo para completar el mobiliario de la casa; estrellas cinematográficas, boxeadores y políticos han existido que encarguen medio metro de libros con tejuelos verdes o encarnados, imprescindibles para el ornato de sus salones, o que, más congruentemente, disimulen unas botellas de licor en una caja cuyo frente dice: *Vidas paralelas* de Plutarco u *Obras* de Aristóteles. Pero contentémonos, la especie del comprador-de-libros-lector aún no se ha extinguido del todo. Nosotros mismos, uno a uno, quizá lo seamos de vez en cuando espoleados per una rara insinuación, por una invencible curiosidad y simpatía, aunque, muchas otras veces, no seamos sino viciosos coleccionistas o aprendices de bibliófilos.

Antes he dicho "rara insinuación" e "invencible curiosidad", aludiendo a los móviles de la lectura y, ciertamente, si para los buenos lectores basta un título y el nombre de un autor, para muchos otros, menos buenos lectores, estas insinuaciones han de engrosarse con el aspecto mismo del libro, su portada, su lomo y sus ilustraciones. Y con ello estamos ya en la consideración de los libros como objetos. ¿Qué clase de objetos? Si prescindimos de las extravagancias cometidas con tan singular constancia, los libros han mantenido desde muy remotos tiempos ese aspecto de cajas rectangulares y más o menos aplanadas que contienen un conjunto de hojas impresas en algún idioma terrenal, sujetas por uno de sus lados al interior del lomo del libro. Pero, dentro de estas características, que pudieran ser la definición de un libro por su aspecto exterior, las variaciones pueden ser infinitas. Fabulosa yedra con brotes de todas especies y calidades infinitamente multiplicable e invasora, los libros crecen y disminuyen, se atersan y encrespan, se adornan o desnudan con una incontenible decisión de nacer nuevos cada día. Y, sin embargo, hubo una época en que, como la misma costra de la tierra, presidía a los libros la sombra de su indistinción que, nada remisa a ganar sus propias formas, fue poco a poco proliferando en ramas que iban dibujando sus especies. Los viejos infolios fueron reduciéndose a los 4°, a los 8°, a los 16°, y ya surgida la imprenta, por el Renacimiento, las novelas de caballerías podían esconderse en los bolsillos de los faldones y en los cestillos de costura de aquellas fantasiosas dueñas enternecidas hasta las lágrimas con las andanzas del Amadís. Nada más natural, entonces, que destinar un vehículo pequeño y ligero a unas poesías o a una novela, buenas para leerse a ratos en un melancólico viaje, y que destinar uno mayor y más pesado a los solemnes tratados, ya fueran de teología, cetrería o astrología, que habrían de ser leídos en el recogimiento de una celda y sostenidos por el grave fascistol, o en la desolación de una cueva a donde se hubiera retirado el ermitaño lector. Y esta espontánea necesidad de acordar el volumen con el contenido fue originando poco a poco la tipificación de los libros que, comenzando por ser sólo en su volumen y dimensiones, fue propagándose hacia su aspecto interior y sus características. Pero, con ser esta diferenciación por contenidos muy importante, existió otra quizá más decisiva, y ella es la exigencia de acomodar los libros al ritmo mismo de la vida de cada época. Contemplemos por un momento la evolución de los libros españoles. Los volúmenes de los siglos xvi, xvii y xviii, graves, sólidos, encuadernados en el rugoso pergamino primero y luego en el fuerte cuero de becerro, ni tan fastuosos como los libros franceses, pero ni tan desnudos que no los embellecieran las sobrias ilustraciones, las justísimas composiciones tipográficas de las portadas y los interiores y las finas capitulares, parecen llamarnos a una lectura lenta, que los mismos gruesos y pausados tipos y aun la calidad misma de los escritos determinan; quizá en voz alta, y mejor, descansados en un pesado sillón. En cambio, los libros del siglo romántico están hechos para la contemplación y para el ensueño. Los adornan magníficos retratos en litografía, ilustraciones, frisos, *cul-de-lampes* y de nuevo capitulares, pero ahora más aéreas y esbeltas que aquellas de los libros de pasados siglos. Son buenos para leerse paseando por el campo o para sostenerlos con una mano abandonada que señala aún con el índice el momento en que fue suspendida la lectura para estregarse a la meditación o para atender al pintor que habría de fijar al lector interrumpido y todavía náufrago en su ensueño. Mas ya desde el siglo xix han comenzado a aparecer unos libros huérfanos de esta noble prestancia de las encuadernaciones. Son los libros que llamamos "a la rústica" y que, al advenir nuestro tiempo, habrán de ser los más comunes. Su explicación parecerá innecesaria. Época de la velocidad ha llamado Paul Morand a la nuestra y, siéndolo, no podría soportar sino los libros más leves y transitorios que no obstruyeran su frenesí. Nuestros libros están hechos congruentemente para guardarse en el bolsillo, en el portafolios o bajo el brazo, y para leerlos, no ya sobre un fascistol o discurriendo a la ventura por el campo, sino en un tranvía o en una sala de espera. Dúctiles, pues, a cada tono de nuestra vida, los libros han ido vistiéndose como de la propia calidad de nuestra alma y como a la medida de nuestra variable naturaleza. Toda humillación les sería soportable con tal de seguir existiendo y con tal de estar siempre junto a nosotros.

Tal evolución, con ser de manera general aplicable a todos los países, reviste en algunos de ellos características y matices dignos de recordarse y que no están exentos del carácter mismo del pueblo de donde parten. Desde luego, puede señalarse esta significativa peculiaridad: mientras los países sajones y germanos, Inglaterra, Estados Unidos, Alemania, gustan de los libros sólidos, de gran formato y encuadernados, los países latinos, Francia, España, Italia, Hispanoamérica, prefieren de un modo general los ligeros libros sin encuadernar, y de menores dimensiones. Antes que engrosarlos, se les alarga y aplana hasta convertirlos en leves cuadernos de amplia composición tipográfica, sobrada de espacios.

Pensemos en la gustosa proliferación que en nuestros países tienen las llamadas *plaquettes* que, aunque de invención francesa, han pasado a ser hechuras nuestras. Y este carácter de los pueblos impreso en sus libros, se extiende aún a otras peculiaridades. Francia edita sus libros en un tamaño y en un formato ya tradicional e invariable, el 8°, sea cual fuere la casa editora y la naturaleza del libro (excepción hecha, claro está, de los tratados, manuales, libros de lujo, etc., que toman las dimensiones y características más variadas). España, con menor uniformidad, hace lo mismo. Los Estados Unidos e Inglaterra, por el contrario, prefieren el 4° para sus volúmenes corrientes, lo mismo que Alemania, aunque unos y otros no dejen de producir esos tomitos en 8° en que hacen circular sus más espirituales obras. ¿Y México? Cuando Alfonso Reyes muestra su biblioteca, al llegar a la estantería mexicana dice: "Y aquí tiene usted la *Rusticatio mexicana*", aludiendo a la incontrolable libertad que distingue a nuestros libros, verdadera fosca selvática donde ningún capricho es extraño.

Pero esa tendencia a la uniformidad no ha existido desde siempre. Su nacimiento puede fijarse con exactitud en el siglo xix y simultánea a la aparición de las casas editoras. El solo esfuerzo de los antiguos impresores difícilmente podría sostener una dirección en sus publicaciones, ya que les era preciso contar con lo que viniere. Pero cuando se establecen empresas y sociedades editoras, se hace ya posible un plan determinado. Con el siglo xix nacen, pues, las series, las "bibliotecas", las colecciones, las obras completas y los libros extensos. Aparecen también por esos años casas editoras dedicadas a la obra de un grupo o de una escuela literarios; en Francia, Lemerre imprimirá los libros de los parnasianos; Mercure de France de los simbolistas; La Nouvelle Revue Française, Grasset y Stock, entre otras, las obras de la literatura contemporánea; Revista de Occidente, Calleja y Cruz y Raya, en España serán las casas editoras de la nueva literatura.

¡Y qué infinita variedad cabe mencionar todavía! Otras dos divisiones fundamentales podrían formularse, por ejemplo, para separar las ediciones de obras consagradas, de las ediciones primeras de libros, recientemente escritos. Entre los primeros figuran los grandes volúmenes suntuosos e ilustrados que se destinan, más que a la lectura, a la contemplación y a la ostentación; los tomos de una colección de clásicos, respetables cementerios de la cultura escrita de los pueblos; los tomos de obras completas, atestados de anotaciones y prefacios; las reproducciones facsimilares, ilegibles pero siempre un timbre de orgullo para su poseedor; los venerables textos críticos con sus variantes y comentarios; las antologías, de tantas suertes realizables, y, en fin, esa clase baja que son las reediciones populares, comerciales, fraudulentas y más o menos irrespetuosas de la alcurnia de los textos. En cuanto a la otra porción, la de los libros aparecidos por primera vez y de escritura reciente, las variedades no son menos. Hay el simple tomito, de formato tan variable como el gusto del impresor y los caprichos del autor, que puede estar a su vez ilustrado o no; hay la *plaquette* adornada con viñetas y capitulares, ilustrada directamente, tocada a mano si se trata de grabados, firmada por el autor y en edición limitada, muchas veces, hasta el ejemplar único; hay el tomo sobrio de una colección de autores contemporáneos; hay los libros descuidados, venidos a cursis por el colaborado mal gusto de cada uno de los participantes en su confección, y hay, aun, el libro pirata, la edición fraudulenta. Mucho más que para los libros reeditados, en esos libros originales se muestran toda la fantasía y todos los caprichos de sus autores. Quiere cada uno ser cada vez el más original y aun el más extravagante. Ninguna rareza le parecerá poca y ninguna tradición respetable con tal de superarlos a todos. ¿Mencionaremos algunos de estos desenfrenos? Quizá nunca podríamos agotarlos y, como ellos son aún nuestro pan cotidiano, más vale ignorarlos para no contribuir a la negación de una de las más nobles tradiciones: la tradición tipográfica.

Porque la belleza tipográfica ha sido, desde el nacimiento mismo de los libros, más que un adorno superfluo, un acrecentamiento de la lectura y del texto mismo: un camino de seducción que nos conduce por medios más hermosos a la propia hermosura del contenido de los libros. De aquí que el deseo de poseer un texto amado en sus vestiduras más nobles no sea otra cosa que el deseo de poseer un testimonio en sus especies más puras y en su más atrayente ropaje. Camino de seducción que sabe obrar por maneras diversas, como diversos son los rangos de los lectores a que llaman: unos responderán a las portadas ilustradas a colores que echan a los ojos amplificada y engrosada la materia de la obra, pero a otros más, los ciertos amantes, bastarales una severa y pulcra composición tipográfica y la autoridad del nombre que suscribe la edición. Y en este simple hecho, otra vez, se descubre la naturaleza del

alma de los hombres que hacen y que leen aquellos libros.
¿Cuántas maneras de relación existen entre nosotros y los libros? Como en todos los casos semejantes, tantas cuantos libros y lectores y, sin embargo, es posible aislar algunos tipos característicos. En principio, aquellos libros destinados absolutamente a leerse, novelas, poesías, cuentos, ensayos; luego, los destinados a leerse alguna vez y para los que se tienen siempre magníficas aunque problemáticas intenciones; después, aquellos necesarios como obras de consulta en nuestra profesión o en nuestras predilecciones, y, en fin, todo ese enorme cúmulo de los que nunca leeremos y que guardamos por inercia o por gusto, para adornar nuestra biblioteca y mostrar a nuestros amigos.
Pero, ya reduciéndonos al caso mismo de la lectura, ¿qué suele ser ella —sustento y función radical del libro— para los lectores? No contemos, para responder a tal pregunta, con los múltiples rasgos de los lectores, con esa gradación que comienza en el que lee sin recibir nada y que termina en el más apasionado, sabio, atento y absorto lector. Bástenos contar con un moderado lector, ni desprevenido ni furioso. Ventana de papel hacia el mundo han sido llamados los libros. Ventana de papel, versión de la realidad y aun traducción de la realidad. Por esa ventana de papel un hombre quieto, abismado, mira el mundo y asiste a las nociones del mundo. Lo mira con un espíritu y unos ojos extraños de los que recibe su comunicación, su versión del mundo, y luego hace suya esa versión o se muestra adverso y contrariado con ella. Por esa ventana un lector contempla la intimidad de los pensamientos egregios, cuyos dueños se han quedado en la sombra de los siglos, y recoge de ellos un enardecido sueño, un mensaje vivo, el documento de su doctrina o, simplemente, unas experiencias de las que el lector quiere servirse en su relación con el mundo. En los libros le esperan repertorios de pasiones y sueños, modelos de vida con los que muchas veces habrá de vestir la suya propia. Y en esa lectura, la mera necesidad quedará siempre atrás, sobrepasada por otro afán oscuro y amoroso que es ya una pura ansia de saber del mundo o de perderse en él, que es ya el quieto sueño de la conquista o de la comunión con el mundo y sus criaturas.
Espíritus egregios nos han legado el testimonio de su pasión por la lectura y el comercio con los libros, y su exaltación del lector, de quien dice Alfonso Reyes que "es cosa tan respetable como un sujeto psíquico

que lanza su alma a volar por otras regiones". El mismo Reyes transcribe en seguida un pasaje en que San Agustín cuenta cómo se abstenía de interrumpir la lectura de San Ambrosio. "Cuando leía —dice el obispo de Hipona—, sus ojos recorrían las páginas del libro, mientras su mente se suspendía y concentraba para penetrar el espíritu de las palabras. Entonces descansaban su voz y su lengua. Más de una vez penetré a su cuarto, cuya puerta nunca estaba cerrada para nadie, y adonde todo el mundo tenía acceso sin necesidad de prevenir su visita, y siempre me sucedió encontrarlo leyendo para sí y en voz baja, pero jamás de otra manera. Y tras de haberme sentado un rato, manteniéndome con respetuoso silencio —porque ¿quién, al verlo tan atento, se hubiera atrevido a chistar siquiera?—, me iba retirando poco a poco, teniendo por cierto que preferiría usar los escasos ocios que le dejaban en recobrar nuevo vigor, tras el mucho quebranto y las desazones que por fuerza habían de causarle los negocios del prójimo..."

Nuevo vigor para el alma encontraba también en la lectura aquel lúcido y atento espíritu que era Madame de Staël: "Esta tristeza árida que nace del aislamiento —escribía en *De la litterature*—; esta mano de hielo que oprime sobre nosotros la desdicha cuando creemos no excitar piedad alguna, no la sentiremos tan grave cuando al menos nos refugiemos en los escritos conservadores de las ideas y de los afectos virtuosos. Tales escritos hacen correr las lágrimas en todas las situaciones de la vida; elevan el alma a las meditaciones generales que libran al pensamiento de las penas individuales; crean para nosotros una sociedad, una comunicación con los pensadores que ya no existen, con los que existen aún y con los hombres que como nosotros han admirado aquello que leemos."

Pero, a fuerza de encontrar en ellos este ánimo para nuestra vida, el comercio con los libros llega a constituirse en una amistad y en la amistad más pura, como nos lo expresan ahora estas palabras de Marcel Proust. Sin duda —escribía en sus *Journées de lecture*— la amistad que significa una consideración entre los individuos es una cosa frívola y la lectura es una amistad. Pero, por lo menos, es una amistad sincera. El hecho de dirigirse a un muerto o a un ausente le presta relativo, delicado desinterés. Es, además, una amistad despojada de todo aquello que hace la fealdad de las otras; todas esas cortesías, todos esos falsos saludos en el vestíbulo que llamamos deferencia, gratitud, devoción, con lo que

mezclamos tantas mentiras, son estériles y fatigosos.
"En los libros la amistad vuelve, a menudo, a su pureza primera."
Tres, creía Montaigne, eran los grandes comercios del hombre: el de los amigos, el de las mujeres y el de los libros. Con los amigos buscaba Montaigne el ejercitamiento de la comunicación con las almas; de las mujeres, pensaba que, con ser muy ameno el comercio con las bellas y gentiles, pronto solía convertirse en locura y en afección furiosa e inmoderada; pero, en lo que a los libros toca, encontraba en su comercio su más delicioso placer. "De ellos me sirvo, en efecto —dice en su ensayo *De los tres comercios*—, casi como aquellos que los desconocen; disfruto como los avaros de un tesoro, para estar seguro de que gozaré cuando me plazca; mi alma halla el contento y la calma con ese derecho de posesión. Ni en tiempos de paz, ni en época de guerra dejan los libros de acompañarme, a pesar de lo cual se pasarán muchos días y hasta meses sin que yo de ellos eche mano; los leeré dentro de un momento, me digo, o mañana, o cuando se me antoje; mientras tanto el tiempo corre y se va sin serme oneroso, pues es indecible cuanto me tranquilizo y apaciguo considerando que estén junto a mí para procurarme placer cuando lo quiera y reconociendo cuán grande es el alivio que proporciona a mi vida. Son la menor munición que haya yo encontrado en este humano viaje, y compadezco extremadamente a los hombres de entendimiento que no la echan de menos." Luego pasa a describirnos gustosamente cómo había dispuesto su biblioteca y cómo se encerraba allí con el más grande regocijo y cómo trabajaba hojeando sin orden ni designio sus libros, fantaseando, registrando o dictando mientras paseaba los "ensueños" que irán a ser sus *Ensayos,* ese breviario de ociosos que decía Disraeli. En su circular biblioteca tenía Montaigne un dominio sustraído a toda invasora comunidad y cuya única comunicación era la que tenía con aquellas sombras ilustres. Allí, en la recogida soledad del comercio con los libros, abandonados del todo a su influjo, es donde algunos espíritus se han formado. Otros, ya lo sabemos, han preferido trasladar la escuela de su educación al bullicio de la calle, pero, en uno y en otro caso, sus mejores instantes perduran hasta nosotros presos en esa red de su escritura, nacida en el silencio e intimidad de su alma.
Ciertamente, la influencia que los libros tienen sobre nuestra alma cabe en todos los grados de una escala de considerable amplitud. En esas

diversas categorías de la influencia de la lectura importa tanto la naturaleza de los libros como la atención y el espíritu con que nos acerquemos a ellos. Podríamos añadir que importa, también, el índice y el tipo de receptividad del lector; aquellos tipos de escritos para los que su naturaleza esté particularmente destinada. Así, unas páginas pueden despertar impresiones radicalmente diversas según los lectores, y páginas diversas y de pareja calidad pueden mover su ánimo en muy distintos grados. Pero en estas contrarias impresiones de la lectura juega un papel muy importante su categoría misma; el ánimo y la disposición de espíritu con que haya sido hecha. Hay el que lee incidentalmente, por necesidad de apropiarse un dato o por simple azar impremeditado; hay quien lo hace por espontáneo gusto y no tanto por la letra cuanto por el espíritu y, contrariamente, quien lee por obligación, por tarea impuesta, sin gusto ni provecho; muy abundante es el lector vicioso, que suele serlo, ya de cuanto por sus manos pasa o ya de un tipo determinado de lecturas, con mayor frecuencia novelas y mejor policiales o de aventuras; triste oficio el del lector profesional que, comenzando por serlo movido por verdadera inclinación, su oficio le exige una lectura que por atender a las formas, a los valores realizados y a las estructuras del texto, piérdese esa dulce entrega a la evasión, a la fantasía, a la delicia; especie, en fin, si la más alta, muy rara de encontrarse, la del lector por devoción, ni tan espontáneo en su entrega que pierda el paladeo de las formas, ni tan impelido por las exigencias que no pueda detenerse en una página querida u hojear sin designio uno y otro libro; lector éste, sabio y amoroso, apasionado y comprensivo, libre y constante; el lector, en suma, que todo libro desearía.

¿Qué medida preferir, entre todas éstas, para nosotros? Ninguna más que la propia medida de alma conducida también por la propia medida de nuestra voluntad. Vivir totalmente a través de los libros es tanto cobardía como equivocación, porque con ello no hemos sino repetido actitudes mostrencas y ajenas al propio destino de nuestra alma que hemos renunciado. Vivir sin libros es vivir sin aliño del espíritu y sin la posibilidad de continuar el largo esfuerzo de los hombres por ennoblecer su estancia sobre la tierra; es vivir aislados y sin solidaridad para con nuestra especie. Interpuestos entre nosotros y la realidad, los libros pueden ser a la vez un arma falsa o una previsión saludable. En nosotros está determinarlo. ¿Y a cuántos libros hemos de legar este poder sobre nosotros? Sobre este punto escucharemos también los más opuestos consejos, porque, mientras muchos nos prescriben una curiosidad universal, un cultivo atento a las propias inclinaciones o mil sistemas y guías de lectura, en suma, cierta abundancia, otros más se inclinarán por las lecturas limitadas. En sus *Memorias*, cuenta André Maurois las ideas que sobre la lectura tenía Alain, maestro admirado de tantos grandes espíritus. "Pensaba —escribe Maurois— que un lector apasionado debe tener una biblioteca limitada y releer cada año los mismos libros. Si bien lo recuerdo, la suya se componía, además de Homero, Balzac y Stendhal, de Saint Simon, de Tácito, de Platón, de Descartes, de Spinoza y de Hegel... Nada era más difícil que hacerle leer un autor contemporáneo."

Pero, sea cual fuere nuestra elección, encontraremos en los libros una nueva amplitud de nuestra alma. No han sido forjados por el hombre sino para mantener las señales más altas de su paso por la tierra, las antorchas que ha encendido para comprenderse, las más sutiles brumas de sus sueños. Son, los libros —como decía Baudelaire de las grandes obras de la pintura—, el mejor testimonio que el hombre puede dar a Dios de su dignidad.

1943

NOTAS:

[1] Antonio de Fuente La Peña, *Si el hombre puede artificiosamente volar*, Río de Janeiro, 1933.

SOBRE LA GEOGRAFÍA POÉTICA

Con muy escasa decisión de que su poesía preste un servicio cualquiera, los poetas mexicanos se han mostrado —con esporádicas excepciones — firmemente remisos a incorporar en su lenguaje nuestros variados toponímicos. No será necesario añadir que la poesía, como todas las artes, es por esencia inútil, se niega a servir, y en ello reside su grandeza; y será obvio también recordar que la poesía mexicana discurre, preferentemente, en la misma intimidad del poeta, en la pura vida de su alma, apenas necesitada de alusiones tópicas. Y aun en las contadas excepciones, cuando nuestros poetas han consentido en reconocer la existencia del mundo exterior —desde Bernardo de Balbuena hasta Carlos Pellicer—, reducen el paisaje que se les ofrece a los ojos, si no a un estado de alma, a un juego abstracto de luces y volúmenes que puede prescindir, naturalmente, de las denominaciones propias. No es ésta, con todo, la única razón que prohíbe en nuestra poesía la incursión de los toponímicos. A más de estas razones de superficie existen otras más complejas cuyo origen conviene esclarecer.

Pero fijemos, ante todo, el fenómeno mismo. Cuando un español — tomémoslo por ejemplo, aunque lo mismo podría ser cualquier otro europeo— menciona en su conversación o en su poesía el nombre de alguna de sus regiones, ciudades, calles, montes, ríos, espontáneamente podemos unir a ese nombre toda una significación poética. Dice Andalucía o Granada, el Prado o la Sierra Morena y, junto con esos nombres se da ya un contenido poético, un enjambre de circunstancias, alusiones, recuerdos y una especial y concreta tonalidad: significan, en suma, algo; son la imagen de un nudo de representaciones. Así, el poeta puede incluirlos en su poesía confiado en la firme densidad de significado que contienen, en el poder evocador y en el prestigio que guardan.

¿Qué acontece, en cambio, con los nombres mexicanos? En principio, nos salta a la vista que mientras un crecido número de poetas inconsiderables, provincianos casi siempre cuando no especialistas en juegos florales, los incluyen fervientemente en sus odas, el núcleo más exiguo de los verdaderos poetas no incurre nunca en su mención (excluyamos, de nuevo, a Pellicer). Los nombres de nuestras regiones, ciudades, montes, ríos, etc., no intervienen en su poesía, que se realiza como fuera de ellos, como en cualquier lugar del mundo donde existiera una sensibilidad. Parece como si, anticipando la vulgaridad o la inutilidad de esa inclusión, quisieran librar a su poesía de un lastre, de un circunstancialismo vacío de todo contenido poético. Un español, Villaespesa, quiso agradecernos su estancia en México con algunos poemas dedicados a nuestras ciudades—Guadalajara, Mérida, Puebla—, recordando que ello era válido y significativo en su país. Consiguió casi concretar su mitología, caracterizarla, pero, quizá por ser Villaespesa el poeta disperso que era, o a causa de nuestra tradición poética anticircunstancial, el hecho es que esos poemas quedaron olvidados. ¿Cuáles son las causas de tal fenómeno?

Para contestar al porqué *no* de la poesía mexicana, nada parece mejor que averiguar el porqué sí de la poesía española, es decir, investigar las circunstancias que determinan la condición poética de los toponímicos para fijar, en su ausencia, las razones de la consiguiente no existencia de esa pátina lírica. ¿Qué es lo que ha acontecido, pues, con esos nombres españoles? Ante todo, están en su sitio desde los más remotos tiempos. Sólo la evolución fonética del lenguaje los ha mudado adaptándolos cada vez más congruentemente al propio genio de la raza. Los viejos nombres ibéricos y latinos han ido convirtiéndose en los actuales, pero sin que mediaran en ese cambio nada más que las puras fuerzas populares. Así, la historia ha ido fijándose en ellos, señalando las fechas y los acontecimientos memorables, y asociándolos fuertemente con la tradición y la leyenda. Los nombres de los poblados que aparecen en el *Poema del Cid* son los mismos de ahora: Burgos, Valencia, etc., y, al recordarlos, esa misma historia legendaria se conserva unida a ellos, consustanciada con ellos y legándoles su fuerte poder evocador. Luego, por otra parte, estos nombres no viven solamente en las menciones históricas, sino en todas las obras literarias, desde las más antiguas hasta las más recientes, y, lo mismo que para la historia, van haciéndose un solo cuerpo con la poesía y adquiriendo sus mismas virtudes. Un nombre cualquiera, Granada, Castilla, es, de esta manera, al mismo tiempo, un nido de evocaciones históricas tradicionales y una fuente de calidades poéticas. El pueblo, entonces, obra con toda justicia al negarse espontáneamente a la adopción de nuevos nombres sólo condicionados por lo circunstancial y que no son más que nombres y no, como los que defiende, conceptos preñados de toda suerte de prestigio.

¿Qué de extraño, luego, que esos toponímicos puedan ingresar tan eficazmente a la poesía?

Posiblemente no tengamos todavía los mexicanos estas condiciones indispensables para el prestigio poético de nuestros nombres. Nuestra historia, que nos complacemos en destruir y negar siempre que tenemos ocasión, no ha alcanzado aún una cabal plenitud legendaria, y, por otra parte, nuestra producción literaria es todavía bastante exigua y muy escasamente conocida: no es, de ninguna manera, un acervo popular, un espíritu y una expresión viva del pueblo. Añadamos aquellas razones, apuntadas al principio, de la peculiaridad de nuestra poesía más dispuesta a oír el propio latido del poeta que a atender a la naturaleza, y añadamos, en fin, esa estúpida costumbre de nuestros gobiernos de mudar, a cada avenida política, los nombres de nuestras ciudades, calles, ríos, etc., y podremos comprender mejor la desnudez y la inexpresividad de los toponímicos. Parece un común empeño en evitar a toda costa que esas palabras sean algo más que palabras; conceptos vivos, evocadores, poéticos. Nuestra propia idiosincrasia, nuestras pobrezas históricas y literarias y los afanes renovadores de los alcaldes, todo conspira contra la virtud de las denominaciones. Y no se crea que el que ellas posean o no un prestigio es sólo cosa que interesa a la poesía o al gusto sentimental de ciertas gentes. Ello es también ingrediente primordial de la nacionalidad, sustancia de cohesión, afirmación común en un pasado y posibilidad de más estrecha comprensión humana.

1943

CULTURA DEL PAISAJE

Siempre me ha sorprendido, en la literatura mexicana, la ausencia casi total de atención a la naturaleza. La explicación más simple de tal hecho puede ser, supongo, la índole misma de nuestro pueblo expresada en su literatura que, más que contar con la existencia del mundo exterior, como decía Gautier, prefiere abrir los ojos a los secretos parajes de su alma. Poesía intimista, pues, ante todo, aunque para equilibrar de alguna manera su decidida inclinación hayamos contado en cada época señalada de nuestra lírica con un poeta aislado de ojos abiertos para el mundo. El examen de este filón,1 si escueto no por eso menos interesante, habrá de contar con la línea que iniciada en los alrededores de Bernardo de Balbuena —Terrazas, Saavedra Guzmán, etc.—, llega al contemporáneo Pellicer, pasando por Landívar, Pagaza, Altamirano y Othón. Pero con ello no haríamos sino señalar las excepciones de una constancia temática cuyo esclarecimiento no carece de dificultades. Burckhardt, en su admirable monografía sobre *La cultura del renacimiento en Italia,* apunta, como uno de los descubrimientos espirituales de esa época, la atención al paisaje como objeto de contemplación artística; hecho que, por otra parte, puede referirse al interés humanístico luego unido al anhelo de una vida natural y cuyas expresiones características son la poesía y la novela pastoriles y las exaltaciones de la vida campesina, tan abundantes en aquellos dorados tiempos.

Durante la Edad Media el paisaje no había existido, en el arte, sino como escenario de fondo, como referencia topográfica para ubicar las acciones humanas y, sólo a la aparición de esa nueva temperatura espiritual que es el Renacimiento, ese paisaje irá avanzando hacia los próximos planos y se penetrará de la misma vida de los héroes, pero aun sin quedarse solo en el marco del arte. Su soledad, su representación como personaje único seré una creación posterior surgida con el romanticismo del siglo xix. Por ello, cuando Azorín estudia *El paisaje en España visto por los españoles* y cuando Alfonso Reyes, en una conferencia de sus primeros años de escritor, esboza *El paisaje en la poesía mexicana del siglo xix,* a uno y otro les es preciso aceptar que el paisaje, como intención artística central, es una creación muy cercana a nuestros días y cuyo nacimiento determina el romanticismo.

Es, pues, en cierta manera, un producto de la madurez de los pueblos, un producto de su capacidad de revertirse de sí hacia el mundo exterior, o su circunstancia; un vencimiento del egoísmo, una seguridad que permite la exploración del "no yo", abandonando a éste, pero no sin proyectarlo sobre el mundo exterior haciéndolo un expresivo espejo de las pasiones de su espectador.

Examinando en el recuerdo, en su impresión general, el carácter de las literaturas europeas y americanas, en ninguna parece más acentuada esta atención al paisaje como en la inglesa. Hay en su poesía una manera espiritual de registrar y de amar el paisaje mismo, irreductiblemente ingleses, y cuya sombra puede registrarse en no pocos de los poetas actuales en lengua española. Los maestros que sufren la obligación de leer los trabajos escritos de alumnos de habla inglesa saben también hasta qué punto está espontáneamente en todos ellos la devoción por la exaltada belleza de nuestro campo, que nosotros, mexicanos, solemos reconocer tan escasamente. Por supuesto que sería temerario atribuir tal sensibilidad a una madurez espiritual (en el caso de los norteamericanos); la herencia del carácter inglés, la herencia fatal de su madurez, la justifica mejor. Y, respecto a otros pueblos de indudable madurez —España, Francia—, su no predilección por el paisaje puede explicarla un genio cuyos ingredientes son otros y que, sólo contadas veces, aunque siempre ilustres, se entrega a la contemplación de la gala del mundo.

No alcanzo a precisar, en el caso de la poesía mexicana, a qué es atribuible su moderada devoción por la naturaleza: si a una condición esencial de carácter irreductible, o a una madurez no alcanzada todavía y que, cuando llegue, nos permita revelar poéticamente la hermosura de nuestra tierra. Me inclinaría más bien a lo primero. Nuestra poesía, en sus primeras cristalizaciones, descubre ya su filón intimista y se goza —en Sor Juana, por ejemplo— en esos paisajes interiores, en esa penumbra menor y quieta, constante hasta nuestros días, y, apenas violentándose, abandona este reino secreto para interesarse en el otro que en torno suyo alienta (el retorno de Carlos Pellicer, de la poesía del paisaje a la poesía intimista, es aleccionante en este respecto). Pero la historia no permanece ajena a esta predilección. Porque, el hecho de que no se encuentre fijada suficientemente a nuestro paisaje, el que aún no hayamos forjado la poesía de los lugares, nos decide también a no prestarles sino una incidental atención. Todo, pues, la calidad de nuestra alma, su juventud y la desnudez lírica de nuestros campos, contribuye a la ausencia del culto del paisaje en nuestra poesía. Y ni siquiera parecería sensato recriminar a nadie por ello o incitar a nuestros poetas de hoy y de mañana a las incursiones campestres. Basta lamentarse discretamente de esa incapacidad de nuestro genio que nos prohíbe la delicia de una naturaleza librada por el arte de su desmesurada carga de realidad.

1948

NOTAS

1. En 1952, María del Carmen Millán publicó un valioso estudio: *El paisaje en la poesía mexicana.*

LO MEXICANO Y LO FOLKLÓRICO

Como consecuencia de un afán nacionalista, de noble y larga ascendencia entre nosotros, es común escuchar o leer consideraciones como éstas, referidas a nuestra producción literaria: "es una obra muy mexicana", o bien "es un libro interesante, pero no es mexicano". Ahora bien, ¿qué se ha entendido por "mexicano" en estas expresiones?

La respuesta es tan evidente como vulgar. El concepto que aquí se da a lo mexicano es restrictivo. Alude precisamente a aquellas nociones que —de acuerdo con una tradición gráfica y legendaria en la que han participado desde don Guillermo Prieto y José Tomas de Cuéllar hasta el ilustrador de *Los mexicanos pintados por sí mismos* y muchos de los pintores y dibujantes contemporáneos— han venido a considerarse las peculiares de nuestro pueblo las que constituyen su pintoresquismo o su folklor, esto es, el signo distintivo que México tiene entre los pueblos del mundo. Es indudable que si un norteamericano o un sueco piensan en México, lo hacen representándolo con algunos de estos atributos folklóricos, monedas corrientes de nuestro ser nacional; pero es un síntoma de pereza mental el que los mismos mexicanos, incluyendo los escritores, pensemos en México constituido únicamente por ese escenario rudimentario y fijo y por esos caracteres de tan extremosa y arbitraria singularidad.

Porque ¿qué es en realidad el ser nacional sino la suma de unas circunstancias externas —territorio, pueblo, gobierno, instituciones— y de una renovada creación personal que forja, día tras día, la historia? Y en este sentido, si por una parte somos solidarios de un pasado que nos mantiene y que nos determina, somos creadores también de historia, hacemos con nuestras obras, cualesquiera que ellas sean, mexicanidad, buena o mala. Tan mexicano es por ello el apego a unas costumbres tradicionales o a unos temas y usos lingüísticos originados o frecuentados en nuestro pasado, como el renunciar a esos motivos de inspiración para buscarlos dentro de nosotros mismos o fuera de nuestros límites culturales. En este último caso, la obra que hagamos continuará siendo mexicana aunque sus fuentes sean extrañas y ello no implicará ni una traición ni un esfuerzo inútil.

Se ha dicho que las obras universales son aquellas que han logrado quintaesenciar su nacionalismo; pero se ha observado igualmente que la literatura de un pueblo suele recibir sus mejores impulsos en el contacto con las literaturas extranjeras. Los injertos y los abonos, en literatura como en agricultura, deben venir de fuera, y si el árbol es suficientemente fuerte, desechará lo incompatible con su propia índole y aprovechará lo que le conviene. Ortega y Gasset, en los años inmediatamente anteriores a la Guerra Civil española, advertía con alarma que era un síntoma de debilidad la preocupación de la literatura española de la época por las definiciones y defensas de la "hispanidad", ya que sólo los pueblos y las personas en crisis se preocupan por su integridad. La salud y la fortaleza de la cultura de un pueblo se muestran, pues, no en la clausura de sus fronteras y en la digestión infinita de sus propios jugos, sino en una circulación libre y confiada que, al mismo tiempo que fecundarla e incitarla a nuevos caminos, la afirma en su propia condición nacional.

Antes que insistir en la necesidad de expresar lo folklórico, los críticos de nuestras letras podrían pensar que el verdadero camino para el fortalecimiento de nuestra expresión literaria se encuentra en esa decantación señalada como camino de lo universal y en el libre comercio con las culturas extranjeras. Ahora bien, sólo encontraremos nuestras propias raíces si somos capaces de ir más allá de los símbolos folklóricos, meras representaciones convencionales. El poeta más abstracto, el novelista fantástico y el ensayista puramente teórico, a pesar de que no manifiesten con ningún signo aparente su origen, patentizan caracteres de lo mexicano no menos reales que los que podrían expresar un poema descriptivo, una novela o una obra teatral de costumbres o un ensayo sobre nuestros problemas inmediatos. ¿No se han reconocido, acaso, como peculiaridades del pensamiento francés, su formalismo, su claridad y su concisión? Los temas pueden mudarse y son limitados; las actitudes mentales, los estilos profundos, en cambio, son tan intransferibles como inviolables. Lo mexicano es, superficial y transitoriamente, unos temas y unos tópicos; radicalmente lo mexicano es un estilo de vida y una peculiar visión del mundo que marca cada uno de nuestros actos, lo mismo nuestra conducta que nuestras creaciones artísticas. Es inútil, pues, que nuestros escritores se preocupen excesivamente por el carácter nacional de sus obras, carácter que, en este último sentido, es irrenunciable y que, por otra parte, no hace a sus obras ni menos ni más valiosas. El camino para conquistar esta excelencia radica en ellos mismos, en su genio o en su esfuerzo, y en el cultivo que hayan sabido dar a su espíritu.

1947

SOBRE LA TRADICIÓN CULTURAL

Si bien es cierto que el escritor puede prescindir en sus obras de los temas y peculiaridades que le sugiere su propio pueblo, sin que pierda por ello su carácter nacional, no podría justificarse, de la misma manera, que el escritor prescindiese del conocimiento de la tradición cultural en que vive y a la que pertenece. Un dramaturgo distinguido afirmaba hace tiempo, con un grito tan romántico como el de Larra, que escribía en un desierto. Y a mí me ocurría preguntarle: ¿piensa usted entonces que su talento y su espíritu se han producido por generación espontánea? Pobre o insignificante, equivocado o falso, nuestro pasado cultural es el territorio en que hemos nacido y nuestra existencia es inexorablemente solidaria a él; nos determina y nosotros, al mismo tiempo, lo modificamos en algún sentido, lo enriquecemos o lo prolongamos.

Otra forma de desprecio para nuestro legado cultural se advierte en aquellos que, deslumbrados por el esplendor de culturas extranjeras, suponen que, prefiriendo lo mejor, es inútil perder el corto tiempo de la lectura en obras rudimentarias o siempre superables. Pero lo singular en este último caso es que quienes pasan por alto *Los bandidos de Río Frío* de don Manuel Payno, por ejemplo, se quedan, no en Cervantes ni en Goethe, sino en los modestos ingenios que la propaganda lleva a sus manos. No puede negarse que es corta nuestra vida e inagotable la producción cultural de todos los pueblos y todas las épocas. Es evidente también la necesidad de nutrirnos en los grandes monumentos del espíritu pero, si por satisfacer esa necesidad o sus aproximaciones, ignoramos nuestra propia historia cultural, corremos el riesgo de destruir las raíces que nos sustentan y las únicas que pueden darnos un punto de apoyo para nuestras empresas.

Por ignorar estas raíces algunos poetas provincianos comienzan a descubrir el romanticismo y los escritores vanidosos pretenden que conquistemos en unos meses las cumbres que otros pueblos han escalado en siglos de constantes esfuerzos. Unos deciden fabricar una columna y los otros resuelven alfombrar los pisos, pero no se han detenido a observar en qué etapa se encuentra el edificio de nuestra cultura y si la columna se encuentra ya instalada o si no corren el riesgo de añadir un adorno cuando aún faltan los techos. ¿Pero no es posible entonces adelantarnos por nuestra propia e individual cuenta, dejando de lado la lenta evolución cultural de nuestro pueblo? ¿Acaso Rubén Darío, por ejemplo, estaba condicionado por Metapa, Nicaragua, y acaso su obra magnífica mudó el curso natural de las letras de su país de origen? Es presumible que la historia cultural de Nicaragua no condicionase a Darío y puede aceptarse que fue muy poco lo que influyó en el desarrollo literario de su pueblo. Pero el caso excepcional del autor de *Prosas profanas* lo comprenderemos a la luz de estas ideas recordando que la tradición de que partía Darío era la de Hispanoamérica y la formaban Díaz Mirón y Olmedo, Heredia y Bello, para no citar a los inmediatos precursores de su escuela literaria, y recordando también que su aparición hizo posible la existencia de un Lugones, un Valencia o un González Martínez. Por supuesto, es necesario añadir, en cada caso, fuentes extranjeras y el talento original de cada autor, para aproximarnos, aunque sea vagamente, a la determinación de los ingredientes y efectos de una obra literaria. Pero, aun así, creo que puede convenirse en la existencia de profundas ligaduras que atan al escritor con la cultura en que ha surgido y con la posteridad que habrá de seguirle.

Por otra parte, aprendamos a librarnos del dominio de la publicidad en nuestras preferencias literarias y aprendamos también a exaltar y difundir nuestras propias creaciones. La sagaz y constante propaganda que Francia ha sabido hacer de su pensamiento y de su industria nos han hecho leer libros franceses, frecuentemente mediocres o intranscendentes, y nos hacen también pensar que los únicos perfumes o los trajes de señora más elegantes son los que allá se fabrican. Desde hace algunos años, los Estados Unidos de Norteamérica han iniciado una conquista semejante y hoy se buscan las novelas realizadas por el cinematógrafo y los confeccionadores locales de ropa agregan a su mercancía una falsa etiqueta: "Made in USA", para satisfacción de sus compradores. Si es necesario que nos conduzcamos fatalmente con reacciones tan inocentes, seamos generosos también con nuestra propia literatura y nuestro propio arte. Y cuando gracias a nuestra conciencia y solidaridad cultural o a los milagrosos efectos de la propaganda nuestro pueblo comience a leer *El Periquillo*, los poemas de Sor Juana, *Astucia* o las obras de Altamirano, para no mencionar a las de autores más recientes, descubrirá sin duda, que las encuentra más interesantes y expresivas que muchas de las lecturas que hoy lo invaden. Reconocerá también que esas obras le hablan con un lenguaje y unos sentimientos conocidos, los suyos propios, y que le hacen respetar con más verdad a México.

1947

SOBBE LA NOVELA POLICIAL

La novela policial, cuyos orígenes se remontan para algunos a *Los crímenes de la Calle Morgue* de Edgar Allan Poe y para otros a las obras de Gaboriau y Lecocq, es uno de los géneros literarios más fértiles y uno de los que reciben del público una acogida más entusiasta en nuestros días. Los novelistas de tres países —Francia, Inglaterra y los Estados Unidos de América— han llevado a esta forma literaria a un desarrollo y a una madurez excepcionales; los lectores del mundo entero, una vez iniciados, se convierten en apasionados lectores de las obras de esta naturaleza. Y, sin embargo, no es extraño escuchar confesiones de semejante predilección en tono de disculpa, como si se tratase de un vicio fatal e inconfesable, de una debilidad o de una lectura sin importancia. Cuando todos los demás géneros literarios —la poesía, el teatro y la novela no policial— van dejándose invadir progresivamente por la filosofía, el ensayo y la prédica política, parece vano y superficial entregarse a la lectura de estas obras, a menudo breves y siempre apasionantes, en las que tan fielmente se guarda aquella condición esencial de la literatura que es la ficción. Es posible que, con su lectura, no aprendamos conceptos fundamentales acerca de la humanidad ni nos sintamos transportados en éxtasis líricos; pero no puede dudarse que asistimos a algunos de los más brillantes juegos de la inteligencia y a algunas de las más atrayentes invenciones de la imaginación del hombre.

Acaso el elemento de la novela policial que a más errores de interpretación puede llevarnos es el de la imprescindible existencia de un crimen, un criminal y un policía en su trama. Para muchos, naturalmente, es repugnante el contacto con una obra que ha de referirse necesariamente a estos tres ingredientes de la anormalidad de las sociedades. Pero, en cuanto estos objetantes se acerquen a la novela policial, podrán percibir hasta qué punto el centro de interés de estas obras no radica, como en las informaciones periodísticas de la página roja, en la morbosidad del crimen, sino en un acertijo intelectual, desprovisto de todo contacto con los sentimientos, y que arrastra al lector como un problema de matemáticas o de ajedrez o un simple juego de palabras cruzadas, con el viejo encanto de las adivinanzas.

Un caso inmediato puede ilustrarnos esta condición peculiar del género a que me refiero. Rodolfo Usigli, distinguido dramaturgo mexicano, intentó hace algunos años, y quizá por primera vez en México, la novela policial. Los propósitos, sin embargo, no coincidieron con sus realizaciones. *Ensayo de un crimen*, que es el título de su obra, podía ser llamada, en atención a su desarrollo y contenido, una buena novela de crímenes y costumbres de cierto sector de la sociedad mexicana, pero no era una novela policial como lo pretendía. No llamaba a la curiosidad intelectual del lector sino a su morbosidad, y había en ella una complacencia en el crimen y en sus complicaciones que no suele enturbiar ninguna de las verdaderas novelas policiales. Su objeto, en suma, era la descripción de un crimen y no la formulación del problema mental que ese crimen proponía.

A tal punto ha llegado la novela policial a convertirse en un puro juego de inteligencia que progresivamente han ido acotándose las que podrían llamarse reglas del juego. Régis Messac, uno de sus primeros exploradores, propuso una de sus características fundamentales cuando advirtió que distingue a la novela policial de la de aventuras un hecho: que ambas narran la misma historia, pero tomándola en sentido inverso. En el relato de aventuras "la narración sigue el orden de los acontecimientos"; la policial, por el contrario, explica Roger Caillois, "parece una película proyectada al revés: toma el tiempo de delante hacia atrás e invierte la cronología. Su punto de partida no es, ni más ni menos, que el de llegada de las novelas de aventuras: el homicidio que pone punto final a algún drama que se procederá a reconstruir, en lugar de haberlo expuesto primero".

En Londres, uno de los centros de mayor difusión del género policial, Anthony Berkeley fundó, en 1928, The Detection Club, cuyo primer presidente fue el admirable G. K. Chesterton, y al que pertenecen las más distinguidas personalidades en este sector de las letras. Pero los fines del club no eran solamente los de proporcionar a sus integrantes auxilios en cuestiones técnicas y ofrecerles una excelente biblioteca criminológica. Al ingresar, los nuevos miembros deben someterse a un curioso ritual de iniciación y prometer la observancia de algunos principios básicos, entre los que figuran el de prescindir, en sus obras, de toda participación sobrenatural o misteriosa —intuición femenina, revelación divina, conspiradores, gánsteres, rayos mortales, fantasmas, hipnotismo, chinos, supercriminales, etc.— que implicaran un engaño para el lector al que, lealmente, deben presentársele todos los elementos necesarios para la solución del enigma.

Todo, pues, parece dirigirse, en la novela policial, contra lo caótico y lo arbitrario. Un volumen como la colección de ensayos críticos que integran el fundamental *The Art of the Mistery Story* (Nueva York, 1946) constituye ciertamente un compendio de un arte no menos severo que prodigioso. Los textos que figuran en este libro atestiguan hasta qué punto la novela policial ha llegado a ser un continente preciso y hasta qué punto ha solicitado la atención de escritores tan destacados como el ya citado G. K. Chesterton, Dorothy Sayers y Philip Van Doren, para sólo mencionar a aquellos cuya fama ha traspasado los límites del género. Por otra parte, en el citado volumen aparece lo que pudiera llamarse la esencia de este arte novelístico: los códigos de la novela policial debidos a S. S. Van Dine y Ronald A. Knox. A ellos debiera añadirse el que formulara en la revista *Sur* Jorge Luis Borges, y en el ensayo del sociólogo francés Roger Caillois—*Lar novela policial*—, uno de los textos más penetrantes que puedan leerse sobre el tema.

¿Pudiera decirse, en vista de lo anteriormente expresado, que la novela policial ha alcanzado esa perfección y esa riqueza que proclaman obras como las de Wilkie Collins, Georges Simenon, Dorothy Sayers, Ellery Queen, S. S. Van Dine, S. A. Steeman, Milward Kennedy, William Irish, G. K. Chesterton y John D. Carr, gracias a su fidelidad a las reglas y a los problemas que debe superar en un campo cada vez más estrecho? La novela no policial, es decir, casi toda la novela, actúa ciertamente en un campo cuya amplitud tiene la medida de lo que es capaz de absorber del resto de la literatura y aun de fuera de ella. Desprovista de restricciones, no las encuentra sino en la medida, pero también en el talento, de cada novelista. Mas acontece que, ante el espejismo de esta libertad, algunos novelistas no consiguen otra cosa que extraviarse, cargando de adiposidades inútiles a sus obras y haciéndolas pretexto para todos los lastres sentimentales e ideológicos que invaden su imaginación. Si a esto se añaden las ineficacias técnicas y la ausencia de equilibrio en la composición de sus materiales, se tendrá una imagen aproximada del término medio de los novelistas de Hispanoamérica. Para ellos, los de México en primer lugar, la frecuentación de la novela policial no les daría por cierto la inspiración para grandes temas que no tienen necesidad de buscar, puesto que se los ofrecen a cada paso la vida y la historia de nuestros pueblos; pero sí pueden ofrecerles esa disciplina formal de austeridad y eficacia que tanto aprovecharía a sus obras. No pienso que pueda conciliarse el temperamento de nuestros pueblos con esta enjuta e intelectual estética de la novela policial —aunque para indicarnos lo contrario han comenzado a aparecer en la Argentina los primeros intentos logrados de esta especie—; creo, por el contrario, que es preciso desarrollar nuestro propio tono y nuestro propio carácter y que a ello puede contribuir provechosamente a lectura de las mejores obras del género policial. Hay en ellas tal exigencia de objetividad en la presentación de los hechos y tal rigor en la articulación y disposición de la trama, que serán siempre lecciones fértiles para todo lector que cultive la novela. Y no añado aquí aquellas otras cualidades cuya única consecuencia es lo que suele llamarse distracción. Buena o mala, apenas existe novela policial cuya lectura no nos encadene; mas cuando se trata de las obras maestras del género —por ejemplo, algunas de las que ofrece la colección El Séptimo Circulo que se publica en Buenos Aires bajo la dirección de Jorge Luis Borges y Adolfo Bioy Casares—, esta pasión por su lectura se agrega a la emoción del que transita por laberintos prodigiosos conducido por una pluma dueña de toda la sabiduría literaria.

1947

PERSPECTIVAS DE LA NOVELA MEXICANA

Está mandado retirar de la circulación de las ideas vigentes aquel diagnóstico del pensador español sobre el agotamiento del género novelesco. Y hoy sabemos que cada nueva generación trae consigo, si no nuevos temas, sí nuevas perspectivas para considerarlos y nuevas representaciones de un drama que pudo surgir por primera vez hace milenios, pero que recobra su vitalidad para cada uno de sus actores. Y porque la temática novelesca se alimenta mejor de los desajustes y de los trastornos de una sociedad, que de su incoloro equilibrio, en el mundo actual, lleno de angustias complejas y destinos trágicos, el narrador sigue encontrando, como en todas las épocas, un material tan desolado como sugestivo para su pluma. Y sólo una condición parece exigírsele a cambio de todas las libertades: que sus obras sean un reflejo profundo y expresivo de la sociedad a que pertenece.

Preguntándome cuáles podrían ser las causas de las limitaciones de la novela mexicana contemporánea, he llegado al convencimiento de que una de ellas puede ser la imagen convencional, deforme y fragmentaria que presenta de nuestra realidad social. Supongo que las limitaciones a que he aludido serán obvias para todos aquellos lectores comunes que mentalmente, cuando no explícitamente, dicen a su librero que prefieren las novelas de Arthur Koestler, de Charles Morgan o de Evelyn Waugh a las de autores mexicanos, y que serán evidentes también para los más avisados lectores o los autores mismos, que leemos con devoción y con esperanza a nuestros novelistas y celebramos sus progresos y sus hallazgos, no sin deplorar que aún no podamos leerlos con el mismo entusiasmo sin reservas con que nos hundimos en las grandes novelas contemporáneas. Ahora bien, estas imitaciones que a unos llevan al rechazo y a otros a la esperanza, tienen su origen en circunstancias históricas y culturales, a cuyo imperio no puede escaparse el novelista mexicano de nuestros días, pero también en factores cuyo control sí está en las manos de nuestros novelistas. A ellos les es posible, por ejemplo, apurar y afinar aún más sus invenciones, hasta que salgan de su pluma densas y rotundas de vida y fluyan a las mentes de sus lectores como una corriente suave y persuasiva, cuyos secretos efectos y tensiones ellos han dispuesto con la sabiduría y paciencia de un relojero y con el ímpetu creador de un demiurgo, y les es posible también otra tarea menos ardua y heroica y de resultados tan efectivos como la anterior: recordar que la realidad humana de México, a la que pretenden expresar y recrear, es más amplia y más rica que el estrecho sector con que hasta ahora se han conformado.

En efecto, si formulamos un rápido inventario mental de los asuntos tratados con más frecuencia o relieve en nuestras novelas contemporáneas, descubriremos en principio un tono dominante, el de la vida de los humildes, de los desamparados y de los desheredados que luchan por una existencia mejor. Atendiendo luego a los matices y a las excepciones de este conjunto dominante, distinguiremos novelas de la vida provinciana y rural, de tema indígena, de la vida de los barrios de la ciudad de México, históricas, de aventuras, basadas en leyendas y tipos populares, de intención política o social y, muy recientemente, algunas fantásticas.

Un repertorio temático abundante, sin duda, aunque no por ello menos insuficiente. No puede sugerirse mejor prueba de la verdad de esta insuficiencia que preguntarnos si un extranjero podría formarse una imagen tolerablemente justa de la realidad de México en el caso de que sólo pudiera documentarse en una provisión, tan liberal como se deseara, de novelas mexicanas contemporáneas. Temo que el perfil de nuestro país que resultara de esa lectura novelesca sería tan confuso como poco estimulante: miseria material y moral, explotación, luchas políticas y sociales, y aventuras y peripecias folletinescas, como rasgos más acentuados.

Esta insistencia en los aspectos más sombríos y críticos de nuestra vida tiene un origen ideológico cuya justificación no pongo en duda. Pero me parece que el novelista, comparta o no la doctrina de la justicia social y de la redención de los desheredados, tiene otra perspectiva y otras exigencias de las que no puede prescindir sin riesgo de convertirse en un mal novelista. Cuando le reprochaban a Máximo Gorki que pintara con demasiada simpatía a los ladrones de caballos, él respondió que su oficio, como novelista, era describirlos eficazmente y que a los jueces correspondía la tarea de condenarlos. Me inclino a considerar, además, que nuestros novelistas que escriben obras de "contenido social" deberían continuar reduciendo a su criterio, si así lo quieren, los dramas humanos que desean convertir en novelas. Pero ellos y todos los demás novelistas mexicanos, acaso un día descubran que la vida de México se ha hecho más compleja, que sus tipos humanos más peculiares y característicos siguen en su mayor parte intactos por la creación novelesca y que en la vida de nuestro pueblo hay muchos otros dramas y comedias además que de los que hasta ahora han narrado.

La literatura, la música, la pintura, la escultura, todo el arte mexicano que surgió de la Revolución, ha marcado una huella cuyos frutos admiramos, más tan profunda, que ha originado, hasta en los más lejanos descendientes de los grandes maestros que crearon aquellos estilos, un amaneramiento temático y formal, es decir, una academia, cuyos rigores aún no hemos sabido superar. Con cuántas dificultades los músicos, los pintores y los escultores se han ido desprendiendo de los ritmos y de las imágenes que aún les seducen en los artistas revolucionarios. No ha sido menor el esfuerzo en el campo literario, aunque pienso que algo más se ha conseguido. Pero el problema de unos y otros no es apartarse de una ideología que sigue siendo vigente para casi todos, sino el de expresar su propio mensaje con un lenguaje nuevo, que les pertenezca y que sea su legado.

La imagen de México que surge de nuestras novelas contemporáneas arrastra aún muchos de los rasgos que un día le impusieron con fuerza creadora los novelistas de la Revolución. Los escenarios, los personajes y los dramas que ellos iluminaron son todavía los que continúan frecuentando los narradores de nuestros días. Mas junto a todos esos motivos permanecen muchos más y han surgido otros nuevos que siguen intactos. ¿Es acaso necesario enumerarlos? Confróntese el repertorio de nuestra novelística actual con el que llegó a abarcar un solo novelista: Balzac, en *La comedia humana*, por ejemplo, y quedarán de manifiesto algunas de las abundantes y sugestivas vetas que aún no hemos comenzado a explorar.

México vivió, durante siglos, abrigando con íntima delectación un concepto de sí mismo como un país de riquezas legendarias. Los economistas y sociólogos nos han hecho reconocer la modesta realidad que se ocultaba tras aquel espejismo que continuará, a pesar de todas las puntualizaciones, sirviéndonos de pretexto para acusar a los malos administradores que nos impiden vivir en el paraíso. Quizá pueda servirnos de algún consuelo en esta desilusión el saber que en el campo de la novela —como en la mayoría de las disciplinas artísticas e intelectuales— ocurre precisamente el caso contrario. Los filones explotados hasta ahora, que algunos llegaron a identificar con la totalidad de nuestro ser nacional, no son más que el principio de una riqueza que puede ser tan vasta como perspicaces sean las inteligencias y las sensibilidades que la rescaten para la creación novelesca.

1950

ECONOMÍA POÉTICA

Para un grupo aún restringido de lectores, un nuevo libro acerca de alguna de las materias de la teoría literaria es una contribución recibida siempre con interés; para todo aficionado curioso, un libro que se refiera a la poesía es seductor. La obra que acaba de publicar en México el joven crítico cubano José Antonio Portuondo promete, con su título *Concepto de la poesía,* 1 satisfacer estos dos filos atractivos, ávido uno de conocer exploraciones que nos completen el campo aún confuso de esta disciplina, inquieto otro por colmarse el deseo de saber al fin qué es la poesía.

El examen del estudio de Portuondo —porción fundamental de la tesis con que se doctoro en la Universidad de La Habana el autor—, luego de algunas perplejidades induce al lector —me indujo a mí— a suponer que aquellas atracciones que inducían a leerlo quedan, cuando menos parcialmente, postergadas y eludidas, y que su título y sus dos capítulos centrales pertenecen a otro libro que quizá Portuondo escribirá alguna vez.

Me explicaré. *Concepto de la poesía* comprende cuatro capítulos escritos con gravedad y aun con madurez, pero disímiles por su tema. El primero, "La teoría de la literatura y las ciencias de la literatura" es una excelente introducción al problema general de la estética y la teoría de la literatura, que el autor articula con muy clara comprensión dentro del campo de las ciencias culturales, guiado por las ideas de Rickert y por las nociones acerca de los valores que postula la filosofía contemporánea. El último, capítulo iv, "Esencia de la poesía", es un valioso y bien informado comentario acerca de la historia de las doctrinas poéticas, desde Platón hasta Heidegger, con unas notas preliminares acerca de las "tres grandes actitudes vitales" que ha recorrido la poesía en busca de su "purificación": primitivismo, clasicismo y romanticismo. Pero los dos capítulos centrales, "Nacimiento de la poesía" y "Desarrollo de la poesía moderna", a pesar de su título, exigen, por su contenido, un nombre adecuado que podría ser el de "Historia de la evolución económica de la humanidad desde el punto de vista marxista, con algunas alusiones a la poesía".

Desde la "Advertencia" que abre el volumen, Portuondo nos previene que su trabajo se apoya "en la adopción del materialismo histórico como criterio científico rector", ya que, de acuerdo con Ermatinger, es imposible "llegar a una firme concepción metodológica de la teoría de la literatura si no es bajo el signo de una dominante concepción del mundo". De acuerdo. Pero unas páginas adelante el autor mismo advierte que "ese método, para ser eficaz, deberá estar determinado por la misma índole de los problemas a estudiar, sin más concesiones a lo puramente subjetivo que sus inevitables conexiones con la concepción filosófica del mundo que se afirma". ¿Pone en práctica Portuondo tan plausible advertencia? Confirmémoslo.

Sé que a muchos lectores les parecerá inoportuno el criterio científico rector de que se sirve el autor contra la poesía. Sé también que a otros confesos les parecerá el único punto de vista tolerable. Algunas vagas nociones me informan que los trabajos magistrales en esta disciplina tienen ciertamente un criterio rector; pero no recuerdo que, a propósito de la poesía, sea preciso abismarse tan irremediablemente en la lucha de clases. Sin embargo, voy a dejar a un lado el "criterio científico rector" que prefiere Portuondo, concediendo aún que pueda ser conveniente su empleo en un estudio sobre la poesía. Me limitaré sólo, entonces, a inquirir los resultados que, en último análisis, nos ofrece la investigación así regida.

Una carencia fundamental adviértese en principio. El estudio de la poesía exige, aun con más urgencia que los otros géneros o funciones literarias, atención primordial para aquel valor que es su esencia misma, el valor estético realizado por medio del lenguaje (lo cree también Portuondo). Sin embargo, *Concepto de la poesía* no dedica ninguno de sus capítulos a la consideración formal de la poesía, en sus aspectos más generales —como los estudia Reyes, por ejemplo, en dos capítulos fundamentales de *El deslinde*— ni en aquellos otros particulares en los que quedarían incluidas las formas históricas de la poesía. Los capítulos i y iv forman una introducción excelente para ese estudio que Portuondo elude, para entregarse, armado con el *Discurso del método* de nuestro tiempo que es para él el *Manifiesto comunista*, a la historia económica del mundo.

Como escribí antes, el largo título que dentro de mi profana ilustración proponía para designar con precisión los capítulos centrales del libro de Portuondo lleva cierto apéndice, "Algunas alusiones a la poesía", que ahora examinaremos. El desliz más general de las afirmaciones poéticas a que se ve arrastrado nuestro autor por su "mundividencia" es el común de limitar la explicación de las creaciones poéticas exclusivamente a causas y circunstancias económicas, desatendiéndose por completo de esos imponderables que nos ha enseñado Bergson y de la vida histórica misma de la poesía.

El nacimiento de la lírica, por ejemplo, tiene por única sede el canto de los sometidos y los esclavos (p. 57). El esplendor del arte clásico se explica, para él, por la existencia de "una sociedad fundada en la esclavitud [en la que] el hombre libre puede dedicarse sin restricciones al goce y expresión plenos de la vida" (p. 59); de lo que podría inferirse que toda sociedad fundada en la esclavitud origina un arte clásico. El creciente lirismo helénico que culmina en Plotino se debe a la "impotencia política de Platón y sus continuadores" (p. 62). Pero aún más: la grandeza de la *Comedia* del Dante y el Renacimiento italiano se explican nítidamente para Portuondo por "la persistencia del comercio italiano durante el largo interregno agrarista y feudal de la Europa del Centro y de Occidente, y sus relaciones ininterrumpidas con Bizancio y con los árabes" (p. 78); la carga religiosa de la Edad Media y la educación y el genio del poeta no cuentan en lo absoluto para nuestro teórico de la poesía. A propósito de la producción poética del siglo xviii, que el autor considera determinada por la Revolución industrial, los expertos en historia económica de Europa podrán señalar su desacuerdo; yo me limito a preocuparme por tan oscuro origen de tantos buenos y malos poetas que vivieron en el siglo de Voltaire. Pero creo que son suficientes las anteriores muestras para ilustrar al lector acerca de las conclusiones que le ofrece este libro que se llama tan inadecuadamente *Concepto de la poesía*. Bástele saber, en fin, que el autor entrevé algunos signos de esperanza más allá de la confusión de la actual literatura: la nueva aurora será, para la novela, la adopción del "realismo socialista", y para la poesía, el retorno al primitivismo.

Salvadas las diferencias consignadas, de que un día renegará también José Antonio Portuondo sin necesidad de abandonar su marxismo, debo repetir que la otra mitad de su libro es una valiosa e intachable aportación al tema que originalmente se propuso. Su primer capítulo nos aclara la articulación de una serie de disciplinas casi siempre confundidas, y el último nos ofrece un panorama ejemplar de las teorías poéticas en el que sobresale su capacidad expositiva y la limpidez de su pensamiento. Por todo esto le aplaudo sinceramente confiado en que un día aproveche estas investigaciones como punto de partida para ese libro *Concepto de la poesía*, que él puede escribir y que por ahora no ha escrito.

1945

NOTAS

1. José Antonio Portuondo, *Concepto de la poesía,* El Colegio de México, México, 1945.

SOCIOLOGÍA DE LA NOVELA

El extraordinario crecimiento del género y las considerables transformaciones que ha sufrido en nuestro tiempo la literatura novelesca han determinado que la novela sea uno de los temas fundamentales de la literatura actual. Esta materia, que en otros países —Inglaterra, Alemania, Estados Unidos, Francia— cuenta con ricas bibliografías sobre la teoría, la técnica y la historia de la novela, se reduce en los de habla española, salvo dos o tres excepciones, a meras precisiones históricas, particularmente inclinadas a las personas de los novelistas. Con todo, algunos libros rigurosos comienzan a difundirse. Señalemos tres de los más recientes: *La novela norteamericana,* de Carl Van Doren; *Ensayo sobre la novela histórica,* de Amado Alonso, y *Sociología de la novela*, de Roger Caillois.[1]

Este último, del joven sociólogo francés Caillois, aparece, según creo, inicialmente en español. Algunos capítulos de la primera y la tercera partes ya habían sido publicados; la segunda parte sobre *La novela policial* se había editado en su original francés en 1941. Reunido todo ahora en volumen se ofrece atado con una faja de anuncio que dice: "Un tema fundamental —Una tesis audaz" y ello es estrictamente cierto. Si se había estudiado la novela desde tan varias perspectivas —historia, evolución, teoría, técnica, etc.—, un análisis sociológico era necesario y prometedor de ricos descubrimientos. Creo que el libro de Roger Caillois no los agota, pero hace algo mejor: nos ilustra sobre su riqueza y sobre métodos a seguir.

Sociología de la novela incluye tres partes. La primera, "Naturaleza de la novela", me parece la más original y audaz pero, al mismo tiempo, tengo con ella un buen número de discrepancias. Forma la segunda el admirable ensayo sobre "La novela policial", que quizá no sea estrictamente sociológico, ya que comprende análisis de la técnica y la teoría de la novela policial, y aun fija algunos datos —ya precisados por Jorge Luis Borges— sobre su nacimiento y evolución. "Sociología de lo novelesco", la tercera y última parte, es una interpretación, aunque profunda, no exenta de arbitrariedad.

En la "Advertencia" inicial se precisan los alcances de la obra que "no es otra cosa que un estudio sociológico". "Se limita a examinar el papel de la novela en la sociedad" y prescinde "forzosamente de toda consideración estética o moral". Se restringe, en fin, a una época y a un lugar precisos de la tierra: "el papel de la literatura novelesca en el mundo occidental moderno".

La novela, afirma Caillois, no pertenece estrictamente a la literatura porque su finalidad y su función no son de orden estético. Algunas veces toma el aspecto de trabajos científicos; otras, de análisis históricos de una sociedad; cultiva la curiosidad, el interés, lo sensacional, y todo ello es ajeno a la estética que, por el contrario, es "sensualidad contemplativa", recogimiento y conocimiento del mundo y del alma, delectación ante las formas. Poesía y novela, pues, son contrarias y extrañas.

Para el lector común de novelas esta afirmación de Caillois es válida. Pero ¿sigue siéndolo para aquel que lee, digamos, una novela de Henry James, un cuento de Borges, unas páginas de Faulkner? Y, por otra parte, no cuenta con la creación misma de la novela, que es una faena rigurosamente artística.

Para fundamentar la tesis de su capítulo siguiente, "Función de la novela", Roger Caillois tiene necesidad de incurrir en la repetición de dos errores: 1° "La novela no tiene reglas. Todo le está permitido", y 2° "La novela es contenido puro. Excluye a tal punto toda preocupación formal que se ha llegado a sostener que un estilo cuidado la perjudica..." "En la novela basta con el sentido inmediato de las palabras, la ciencia de amalgamarlas está de más."

En cuanto a lo primero. Si Caillois dice, renglones adelante: "con tal que relate" (la novela), ha indicado ya una mínima pero fundamental regla novelesca. No tiene reglas, pero ha de ser *novela* y novela es una realidad específicamente diversa a un tratado, a un poema, a un drama. Cierto: todo le está permitido, luego de ser ella misma, además de ella misma. Y a lo segundo: lo novelesco puro, la prosa narrativa, se da ciertamente en algunos —¿será posible suponerlo en los casos de Dostoievski y Balzac?— con ribetes de espontaneidad siempre sospechosos y disimuladores de pudores y artes que quieren esconderse. Pero, en los más, la capacidad, la eficacia narrativa de la prosa no se gana sino a base de una selección poderosa y de una intensa preocupación formal, aunque luego lo conseguido sea un estilo neutro, desnudo y una pura recreación de vida cuya mejor gloria es la invisibilidad del novelista. He aquí el error de Caillois. La preocupación formal en la novela pretende conseguir artificiosamente la comunicación de la espontaneidad de unas vidas, y no una prosa "armoniosa y poemática", cuando no venga al caso.

La tesis que va a establecer luego es ésta: la función de la novela es proporcionar a los hombres de nuestro mundo, que viven una vida reprimida, monótona y estéril, la ilusión de la vida brillante y heroica que les falta. Viven en sus héroes todos sus modestos o desmesurados sueños y así calman y agostan su insatisfacción. Y tal función, pareja a la del cinematógrafo —insiste otra vez—, no tiene nada en común con la literatura.

¿Cuántas clasificaciones se han impuesto a la novela? Si muchas, pocas razonables. Ninguna, creo, lo bastante eficaz. La de Caillois recuerda, de alguna manera, la de un oscuro escritor, Marcel Barriére, en su *Essai sur l'art du roman* (París, 1931). No tiene la ligereza de las que habitualmente se deslizan en manuales y preceptivas. Tiene un método. Comienza por hacer una revisión crítica de las clasificaciones establecidas y luego propone usar puntos de vista que vayan determinando la naturaleza de la obra y que, asociados, sirvan y convengan a su análisis. Yo propongo dos tipos de reparos. Uno, en cuanto a su terminología que en ciertos casos me parece incierta. Pero no tengo espacio para razonarlo. Condensaré arbitrariamente: *enfoque* y no *densidad*, p. 46; arbitraria relación y reunión de dos problemas disímiles, p. 49, primer párrafo; afirmación central de la p. 30: de la omnisciencia (me sirvo del término que usa C. H. Grabo en su *The Technique of the Novel*) depende la objetividad de la novela: es uno de los recursos para lograrlo, pero no el único; en la misma página, último párrafo, debe decirse *punto de vista* y no *interioridad*: es el término justo y ya adoptado por los tratadistas. El otro reparo a su clasificación: es desordenada. Mi solución es emplear una clasificación sistemática que reproduzca el proceso selectivo que se va verificando en la misma creación de la novela y que, al fin, permita también caracterizarla en vista del tipo a que pertenezca en cada uno de sus aspectos.

La segunda parte del libro, "La novela policial", me parece irreprochable. Ya he dicho que no es estrictamente un estudio sociológico pero sí un estudio ejemplar que no puedo sino aplaudir por entero y, si se me permite, envidiar su paternidad. Su afirmación central respecto a este tema es: la novela policial llega a ser un puro ejercicio mental, un reto al lector para que se entregue a la solución de un enigma. No es ya literatura novelesca y, aun en su forma, procede a la inversa de las novelas comunes. El tercer capítulo de esta segunda parte recoge una curiosa alusión de André Salmon: cuando en el *Génesis* se dice que el espíritu de Dios flotaba sobre las aguas, es evidente que se refiere a la policía.

De la no improbable tenebrosidad de la tercera parte, "Sociología de lo novelesco", extraigo esta tesis aún vaga: para que exista la novela precísase una sociedad dislocada. La novela cultiva las rebeldías de los postergados, pero al mismo tiempo las enerva con su sueño hueco. Mas luego la sociedad misma comienza a oscilar hacia un tipo estructural como el figurado por las novelas. Vuelve el rostro hacia el arte, como quería Wilde, y ante tal traición la novela no puede menos que alejarse de nuevo al polo opuesto para exaltar ahora los valores de la sobriedad. De estas afirmaciones pasa Caillois a la del capítulo final: en el mundo que se ve venir, donde el hombre se consagrara a un destino colectivo, no hay ya lugar para la novela, puesto que habrán desaparecido las soledades y los sueños. Si empuja al hombre hacia la coherencia, hacia la obra colectiva heroica, hará desaparecer su propio medio de vida que es la dislocación social.

Me parece incierto el optimismo de Caillois. ¿Cómo puede esperar el brillante sociólogo el advenimiento de ese mundo armonioso y sin hombres nostálgicos y soñadores? Habrá que esperar el milagro. Mientras tanto, su libro ha mostrado las considerables posibilidades que tiene la ciencia sociológica aplicándose al estudio de los fenómenos lliterarios.

1943

NOTAS

[1] Roger Caillois, "Sociología de la novela", en *Sur*, Buenos Aires, 1942.

INTRODUCCIÓN A LA ESTILÍSTICA

Uno de los verdaderos progresos conseguidos en el campo de la literatura ha sido la creación de una ciencia que la reconozca como campo de acción. Desde los tiempos antiguos se escribieron artes de la literatura (así, por ejemplo, la *Poética* de Aristóteles o las obras de los tratadistas latinos recientemente estudiadas por Alfonso Reyes) que, a partir de la *Epístola a los Pisones* de Horacio, han de convertirse en retóricas y preceptivas. Sin embargo, y además de los casi siempre funestos resultados que estas "artes" depararon a la literatura, ellas ofrecían apenas preceptos de aplicación inmediata dictados por la experiencia y las pretensiones en boga, y dejaban absolutamente virgen el plano que convenía a la reflexión sobre la naturaleza y sentido de tales preceptos, a la investigación de las leyes que gobiernan la creación y evolución del lenguaje y a la meditación, en fin, sobre el carácter y contenido de las obras literarias. Para llenar este vacío apareció recientemente una nueva ciencia que adoptó el nombre de *ciencia de la literatura* y que tuvo por sede al único país capaz de adoptar estas posturas violentas ante fenómenos tan fluidos como el del arte literario: Alemania.

Por demás está decir que las obras que han recogido estas investigaciones son raras entre nosotros. Por una parte, la circunstancia de que en su mayoría estos trabajos permanecen recluidos en la lengua alemana, y por otra la escasez de las traducciones, hacen casi inaccesible el estudio de esta nueva ciencia de la literatura para aquellos que aspiran a poseer un conocimiento menos nebuloso del oficio literario. Entre los estudios teóricos no circulan más que algunos libros de Spitzer, Vossler y Bally; pero, entre los trabajos de aplicación de la nueva disciplina nos son conocidos algunos más, sobre todo aquellos realizados por escritores de habla española que han ingresado en la práctica de esta ciencia. El centenario de Góngora en 1927, a más de otros trabajos excelentes, vio aparecer los estudios magistrales de Dámaso Alonso; en 1941, Amado Alonso llevé a cabo un estudio ejemplar de esta naturaleza dedicado a la investigación de la lengua poética de Pablo Neruda; Ángel del Río, en la *Revista Hispánica Moderna*, realizó trabajos semejantes sobre los poetas García Lorca y Pedro Salinas. Otros estudios de autores de otras lenguas, pero sobre obras y autores de habla española, han logrado también ser difundidos. Entre ellos, y en primer lugar, la serie importantísima de los trabajos que Karl Vossler ha dedicado a la literatura española y a nuestra Sor Juana Inés de la Cruz; luego, algunos trabajos de Spitzer, de los cuales el más reciente es el dedicado a la poesía de Salinas. Cabría añadir, por estar dedicados a autores de lengua romance, los minuciosos ensayos de Ernest Robert Curtius sobre Marcel Proust y Paul Valéry; además, en parte, la serie de trabajos de Bally, Richter, Amado Alonso y Raimundo Lida, coleccionados bajo el rubro de *El impresionismo en el lenguaje,* por convenir a un estilo que nos es común; pero esta nómina habría de parar, en el caso de un mediano estudioso, en este mismo punto. Parece patente, sin embargo, que tal penuria radica especialmente en aquella parte más importante de la estilística: las bases teóricas. Porque de poco nos aprovechan una serie de trabajos de aplicación de una ciencia cuyos fundamentos y pretensiones desconocemos. Era, pues, necesarísima la aparición de una obra que nos introdujera al conocimiento de las bases formales de la nueva ciencia. Contábamos ya con investigaciones teóricas y prácticas sobre lingüística; la filología, a partir de Menéndez Pidal, ingresó definitivamente a la esfera de preocupaciones de nuestros investigadores, pero nada teníamos todavía sobre estilística. Lo anterior asigna al volumen que, ya en su segunda edición, se ha editado en Buenos Aires y al amparo del Instituto de Filología de la Facultad de Filosofía y Letras de su universidad, con el título de *Introducción a la estilística romance,*[1] una importancia extraordinaria.

El tomo en cuestión, primero de una Colección de Estudios Estilísticos dirigida por Amado Alonso, contiene tres estudios: "Formas gramaticales y psicológicas del lenguaje", por Karl Vossler; "La interpretación lingüística de las obras literarias", por Leo Spitzer, y "La investigación estilística en las literaturas románicas", por Helmut Hatzfeld. Añade, además, una provechosa bibliografía que, completando la reseña crítica de Hatzfeld, informa a los estudiosos del estado actual de las investigaciones estilísticas. De su revisión obtenemos algunos datos desalentadores: la porción más importante de estos estudios está escrita en lengua alemana y sólo de muy contados se han realizado traducciones; una parte menos considerable está escrita en francés; otra porción, aún más reducida, pertenece a la lengua española, especialmente dedicada a trabajos sobre estilos particulares. Naturalmente, habiéndose formado esta bibliografía en Buenos Aires, se da más atención a trabajos locales —ignorando otros hispanoamericanos— y se incluyen como estudios estilísticos algunos que rigurosamente quizá no lo sean. Habría que añadir a esa reseña varios trabajos mexicanos; por ejemplo, los de Abreu Gómez sobre Sor Juana, los de diversos críticos sobre Ruiz de Alarcón, los que Francisco Monterde ha dedicado a Navarrete y a Cuenca: trabajos todos que concurren a estudiar muy precisamente estilos literarios. ¿Por qué omitir, también, los estudios magistrales sobre Góngora de Alfonso Reyes, entre los cuales el incluido en *Cuestiones estéticas* inaugura nada menos que la serie de trabajos de revaloración del poeta cordobés?

Las investigaciones lingüísticas, apunta Amado Alonso, revolucionaron el estudio del lenguaje en su aspecto intelectual, pero faltaba el estudio de su aspecto subjetivo. Charles Bally fue el primero en sistematizar el estudio de estos humores subjetivos que invaden la palabra, y a esta nueva disciplina se le llamó estilística. Luego vino Vossler con su teoría del lenguaje como creación espiritual. Entonces pudo fijarse ya el campo propio de la estilística: el conocimiento técnico de los valores subjetivos del lenguaje y su aplicación al estudio de los estilos literarios. Quienes dedican sus meditaciones a la reflexión crítica sobre las obras literarias comprenderán sin duda el alcance de la nueva ciencia y las extraordinarias enseñanzas que puede prestar para una investigación que exige, sin duda, un rigor técnico de que siempre se había prescindido. Se creía que el juicio literario, la función crítica, estaba limitada a la intuición personal y a métodos individuales sólo aconsejados por el sentido común. Las peculiaridades gramaticales, ahora se ha visto, responden no solamente a diferencias objetivas, sino también a diferencias subjetivas que son la piedra de toque de la estilística. "Esta nueva manera de crítica literaria —escribe Amado Alonso— tiene poco de común con la tradicional. No se contenta con sentenciar justificadamente, ni con tasar el exacto valor poético de la obra estudiada en una previa escala de clasificaciones, ni de cumplir esa operación por separado con algunos elementos estructurales que se repiten como en un padrón: caracteres, diálogo, acción, etc... Nuestra estilística se aplica lo mismo a obras actuales que a remotas. Ella quiere también reconstruir, pero no lo de fuera, sino lo de dentro del poeta.

Aspira a una recreación estética, a subir por los hilos capilares de las formas idiomáticas más características hasta las vivencias estéticas originales que las determinaron."

El primero de los trabajos reunidos en el volumen en cuestión, "Formas gramaticales y psicológicas del lenguaje" de Karl Vossler, investiga los desajustes existentes entre las articulaciones gramaticales y psicológicas del pensamiento. En estos desajustes, analizados microscópicamente por Vossler, pueden encontrarse peculiaridades estilísticas muy apreciables que pueden ilustrarnos en la investigación de los estilos. El trabajo siguiente, "La interpretación lingüística de las obras literarias", de Leo Spitzer, ofrece un problema más avanzado. A toda peculiaridad idiomática en el estilo de un autor corresponde una particularidad psíquica. Reunidos varios rasgos idiomáticos originales, se podrá ver su trabazón, su dependencia con lo psíquico y su relación con la arquitectura misma de la obra. Spitzer aboga por que no se haga de la estilística una ciencia aparte, sino que se le resuelva por completo en el análisis de la obra íntegra. Una estilística que consista en "ensayos personales de allegarse directamente, mediante la conciencia moderna del lenguaje y la sensibilidad actual, a las obras literarias tanto modernas como antiguas". En fin, el trabajo de Helmut Hatzfeld, "La investigación estilística en las literaturas románicas" ofrece una reseña crítica del estado actual de las investigaciones en el campo de las letras romances. Señala la abundancia de trabajos prácticos y la escasez de investigaciones teóricas. Señala también las direcciones que conviene seguir en estos estudios, las porciones desatendidas y, en suma, formula todo un programa de estudios estilísticos.

La traducción y anotación de estos trabajos ha sido realizada, con toda la perfección y sobriedad que requieren, por Amado Alonso y Raimundo Lida.

En la Argentina y a través del Instituto de Filología de su capital, Buenos Aires, las disciplinas de la ciencia de la literatura han alcanzado un considerable auge. Muchos críticos argentinos han adoptado sus procedimientos para aplicarlos a estudios sobre escritores de su patria. En México no podemos aún contar con este progreso. Nuestra crítica, si no es en casos excepcionales de estudiosos al tanto de las nuevas direcciones de su disciplina, sigue realizándose según la vieja manera de acercamientos más o menos sagaces, pero intuitivos, y nunca conscientes de sus procedimientos. La serie de estudios mencionados al principio de esta reseña y el presente volumen ofrecen una singular ayuda que nos provee de las bases de una ciencia cuyo empleo puede servirnos para iniciar, por nuestra cuenta, estudios sobre nuestra literatura con el rigor crítico que nos enseña la estilística.

1943

NOTAS

1 Karl Vossler, Leo Spitzer y Helmut Hatzfeld, *Introducción a la estilística romance*, tomo I, 2ª ed., trad. y notas de Amado Alonso y Raimundo Lida, Facultad de Filosofía y Letras de la Universidad de Buenos Aires, Instituto de Filología, Buenos Aires, 1942. (Colección de Estudios Estilísticos. Director: Amado Alonso.)

Sociología del gusto literario

Uno de los volúmenes más interesantes de la excelente colección de Breviarios que publica la editorial del Fondo de Cultura Económica es *El gusto literario*, por Levin L. Schücking, traducido impecablemente por Margit Frenk Alatorre. En la nota preliminar que lleva esta edición, Eugenio Ímaz hace un resumen de las contribuciones más importantes que ha tenido esta nueva rama de la sociología que se aplica a temas literarios o artísticos, con el objeto de establecer los antecedentes que "nutren la inspiración de Levin L. Schiücking". La predominante atención que dedica Ímaz en esta nota a los estudios alemanes sobre la materia puede justificarse en cuanto son ellos los que forman la propia tradición del autor. Pero pienso que no hubiera sido inútil haber mencionado la existencia de algunos notables libros franceses cuyo tema es la sociología de la literatura; por ejemplo, la *Sociología de la novela*, de Roger Caillois, y aun el ensayo de Jean-Paul Sartre, *¿Qué es la literatura?,* cuyo punto de vista es fundamentalmente sociológico. La obra de Schücking, corno su nombre original lo indica *—Sociología de la formación del gusto literario—*, es una investigación sobre las relaciones o las interdependencias materiales que existen entre la creación literaria y su público, y sobre los procesos que sigue la formación de escuelas y tendencias literarias. Antes que hacer una pura especulación teórica, el autor prefiere realizar más bien una descripción de los hechos, apoyados casi siempre en atinados ejemplos. No menor mérito de *El gusto literario* es su ausencia de toda actitud dogmática o impositiva, pues Schücking tiene siempre la elegancia de permitir a sus lectores que ellos mismos obtengan las lecciones que los hechos que expone puedan sugerirles. Y caso excepcional en un libro alemán, éste es breve y claro y sabe conducirnos a la comprensión de problemas sutiles sin tener que recurrir al hermetismo o a la nebulosidad.

Literatura y propaganda

Acaso ninguna otra actividad humana sea tan remisa como la literatura a aceptar su función social, y, consiguientemente, que los libros se escriben para una sociedad con la que es necesario contar. Cuando se ha concluido el largo esfuerzo de la creación, y aun cuando se ha realizado esa creación con todo el esfuerzo y toda la honradez, la tarea no se ha concluido, pues es necesario lograr entonces que nuestra obra llegue a un público. Entre la mesa de trabajo en que el escritor lucha solitario contra fantasmas y el aplauso del público, la fama y el prestigio, existe un largo trayecto, lleno de complejas reacciones y de peldaños muy concretos, que el escritor quisiera siempre ignorar. "La imagen del ideal que se forma el lego de que la obra de arte se abre paso por sí misma, no tiene en cuenta el hecho de que desde hace ya mucho tiempo intervienen toda clase de circunstancias materiales", escribe Schücking. La más conocida y eficaz de estas "circunstancias materiales" es la propaganda que, si bien es cierto que en nuestro tiempo ha alcanzado un desarrollo monstruoso, ha sido empleada por escritores desde los días mismos de Cervantes. En *El gusto literario* se citan muy curiosos ejemplos de artimañas de que se valieron escritores tan distinguidos como Laurence Sterne y Dante Gabriel Rosetti para llamar la atención sobre sus obras, y se prueba con otros la venerable antigüedad que tienen, en la vida del teatro, "los esfuerzos para animar al público a que domine su timidez y manifieste abiertamente su simpatía por lo que está viendo en escena", especialmente por medio de la *claque*, que nosotros llamamos "porra", y en la que no tuvo escrúpulos en participar aun escritor tan severo como el doctor Samuel Johnson.

Hoy preferimos medios más sutiles para lograr el éxito de las obras. La propaganda moderna actúa sobre el público teniendo en cuenta leyes psicológicas, como las de la atención y la curiosidad, y aun logra inducirnos, sin que nos demos por enterados, a las más descabelladas adquisiciones. Su función predominante en nuestro tiempo se explica por la enorme separación que existe entre el productor y el consumidor y por la necesidad de saltar ese vacío con la mayor eficacia posible.

Sin embargo, en materia literaria nuestro pudor respecto a la propaganda nos lleva a limitarla, por lo común, a la exhibición en escaparates, a la publicación de una discreta lista de libros y a las reseñas bibliográficas. Algunas veces, bastan estos modestos recursos para nuestras también modestas ambiciones. Pero no podríamos decir que

todos seguimos fieles en este aspecto a la tradición mexicana de sobriedad y discreción, y son ya frecuentes los casos de propagandas literarias que muchos calificarían de escandalosas o fraudulentas. He ahí el punto crítico. "Claro está —dice Schücking— que nada hay que objetar a una propaganda hecha con el justificado propósito de que una obra literaria llegue a los oídos del mayor número de personas. Al contrario, lo malo está en no hacerla. Pero no es posible aprobar ciertas maquinaciones y trucos que se ven de vez en cuando."
Otro aspecto importante de la propaganda literaria es su falta de discriminación respecto a sus ofertas, es decir, que puede servir lo mismo para imponer obras valiosas que obras insignificantes. Puede consolarnos la respuesta siempre justa del tiempo que al fin pone a cada uno en su lugar. Pero concluir de ello que lo bueno se impone, "máxima que consuela a tantos creadores sin éxito", equivale a no contar con los hechos. "Al artista creador —explica el autor de *El gusto literario*— esta creencia en el éxito de lo bueno le servirá de mucho; pero el observador de la literatura o la sociología que la adopte sin reservas carecerá de sentido crítico. Ante la creencia de que lo bueno se impone, el crítico no puede sino preguntarse escépticamente si las cosas no suceden más bien al revés; si no es más acertado decir que aquello que se impone es lo que después se considera bueno."

Un cuento de Max Beerbohm

Esta última sutil y paradójica observación de Schücking podría ilustrarse con un ingenioso cuento de Max Beerbohm intitulado *Enoch Soames*, que el lector curioso recordará al frente de la memorable *Antología de la literatura fantástica*. Lo abreviaré con pena. Enoch Soames es un escritor extravagante y sin éxito, pero abriga la seguridad de que un siglo más tarde será famoso. El Diablo sabe su esperanza y le ofrece un trato: le permitirá visitar, en 1997, la sala de lecturas del Museo Británico, a cambio de su alma. El escritor acepta y se realiza el milagro. Soames visita efectivamente la biblioteca, cien años después, y va derecho a su objeto: buscar entre las enciclopedias, los diccionarios biográficos y los estudios críticos del futuro, el reconocimiento de su valor. Nada. Pero al fin encuentra su nombre: era el personaje considerado "ficticio" de un cuento en el que se le describe como "un poeta de tercera categoría que se creía un genio e hizo pacto con el Diablo para saber qué pensaría de él la posteridad". El cuento lo iría a escribir un amigo suyo, algunos años más tarde, que, al tener noticia de aquello, protesta que no tiene la menor intención de hacerlo. El Diablo vuelve por Soames, el cuento se escribe y cien años más tarde un fantasma anacrónico entrará a la sala de lecturas del Museo Británico.

1950

DOCTRINAS LITERAR1AS

MISIÓN DE LAS LETRAS Y DEL ESCRITOR

No parece oportuno en nuestro tiempo formular una defensa de las letras en lo que a su acción específica toca, porque más que conocerla, la hemos disfrutado todos en cualquiera de sus géneros o magnitudes: todos hemos recibido en nuestras mentes o en nuestros oídos su delicia, su alucinación placentera, su revelación de lo secreto, lo ignorado o lo fantástico puro, su templanza para nuestros corazones, su recreación y su entrega de nuestros sueños; pero, quizá ello mismo, nos ocultaba la plenitud del alimento que —como en la sentencia de Valéry— se escondía tras su pura apariencia deleitosa. Nos hundimos en la literatura creyendo hacerlo sólo en una llama fugitiva y no sabíamos que nos nutría su dulce pérdida con levadura espiritual que secretamente nos edificaba. Y de esta acción ancilar de las letras, mejor que de aquella otra sustantiva suya, conviene que propongamos hoy algunos rumbos o misiones capitales, no en defensa que no requieren las letras, sino como afirmación de conciencia en este mundo perplejo ante las faenas que no son delatadas por un estrépito de infortunios y destrucciones.

Sería insensato afirmar que el comercio con las letras nos hace buenos o malos o nos conduce al bien o nos arrastra al pecado. El poeta inglés escribió que pensar es llenarse de amargura y el viejo Salomón decía que se agrega dolor el que se agrega ciencia; mas ello, a fin de cuentas, es asunto que no atañe ya al ser mismo de las letras, sino a consecuencias remotas suyas y determinadas siempre por una singular predisposición melancólica. Lo que sí puede proponerse, en cambio, como la acción más constante del comercio con las letras sobre nuestra personalidad, es una labor de coordinación y arquitecturación de las aptitudes de nuestro espíritu. Porque las diferentes disciplinas del pensamiento expresan, cada una de ellas, la imagen del mundo que pueden desvelar desde su específico punto de vista, pero en ningún caso, excepto en el de las letras, esta imagen encierra una visión total y generosa del hombre y su circunstancia, atenta lo mismo al saber de las ciencias que al de la filosofía y a las enseñanzas de la historia, no menos que a la revelación de la poesía. Y la amistad con las letras, ofreciéndonos —después de ese otro comercio impostergable con la vida misma— la imagen más fértil y comprensiva de nuestra existencia sobre la tierra, nos vuelve ricos y armoniosos dueños de nuestras facultades, lo que viene a ser objetivo

de toda educación democrática. A este respecto, sin embargo, cabe hacer una aclaración necesaria. Se propende a considerar a la literatura como una especie de imaginación optimista y embellecedora de la vida del hombre y la naturaleza, y aun se emplea la expresión "poetizar" como un inconsecuente sinónimo de hermosear. Es posible que la literatura, o en particular la poesía, determine en algunos casos una visión mejorada del mundo, pero no es menos cierto que su operación radical sea una labor de exactitud. Así, las letras nos revelan el secreto de nuestro corazón y el de la naturaleza y nos enseñan a conocer mejor los caminos y los litorales de nuestros pensamientos y nuestros sueños, que su tela es también sustancia de nuestra alma. Al darnos una imagen placentera del hombre y su morada, antes, pues, que alentar
nos a huir de la realidad, nos confiesan la apetencia de nuestro deseo y, haciéndonos amar a esa imagen, recreándonos en ella, nos dan confianza en la perennidad de las criaturas del espíritu. Junta el sueño del poeta, a través de las edades y los confines de la tierra, una vasta aristocracia invencible que ha aprendido, reconociendo la nobleza de los sueños, a reconocer con más hondura su propia conciencia y a reconocer en ella las de sus semejantes.

Y no sólo en la órbita inmediata de la persona, sino también en el tiempo y en el espacio que retienen el efímero reinado de la existencia, acrecientan admirablemente las letras la obra inmediata del comercio del hombre con sus semejantes; y su amistad, enriqueciéndonos con noticias de las peripecias de la humanidad, nos edifica y alecciona con el espectáculo de todo lo que un día fue y otro pereció y, mostrándonos la estela de esas sombras, nos apura también a reconocernos y a sentirnos solidarios de un pasado. Sólo la conciencia de tal continuidad en la obra del espíritu nos anima en la prosecución de un camino hollado por tantas mentes venerables y nos hace sentirnos dueños de un legado de inapreciable riqueza que, perteneciéndonos a todos los hombres por igual, nos hermana en las tareas del espíritu.

Nuestras modernas instituciones de cooperación intelectual y todos los vínculos que ligan en sus faenas a los escritores del mundo, no son otra cosa que la expresión armónica de este sentimiento, energía insustituible para el desarrollo entrañable de nuestra cultura.

Esto en lo que al tiempo concierne. Y en cuanto al espacio, no podría decirse menos de la eficacia de las letras, enriquecedoras de este conocimiento. Y porque ciertamente es tan breve nuestra vida como grande nuestra esperanza y nuestros cortos días no bastan para tomar posesión entera de la tierra, podemos delegar al comercio con las letras nuestra apetencia de curiosidad y aventura. Con ello, acercándonos a las obras que registran las acciones memorables de los hombres, logramos algo más que un repertorio de noticias, pues podemos comprender la vida y el pensamiento de otros pueblos remotos y vivir así en un mundo cercano en sus distancias, atentos a las peripecias venturosas o malaventuradas que por sus confines acaecen. Los grandes movimientos de conciencia universal se han promovido precisamente por este poder de acercamiento de la literatura.

La novela, la poesía y el teatro de los países de América han cruzado las fronteras para mostrar ante nuestras conciencias el sentido peculiar de sus formas de vida, de sus ideales y aun de las infamias que los nublan y, por esta noble misión de acercamiento cordial, será posible la existencia de una conciencia americana. Porque toda la obra de las letras llega a ser, primordialmente, incrementación de nuestras más nobles aptitudes individuales y sociales; y como una comunidad democrática se sustenta en el valor y en la calidad moral de cada uno de sus individuos, la obra de las letras es, por ello, una de las grandes fuerzas de integración social y cultural. Nutren nuestros cerebros y nuestros corazones y, aumentando su poder discriminativo, forjan grandes individualidades y grandes ligas de conciencias libres.

En cuanto al escritor, depositario y agente de estas grandes misiones de las letras, es no solo la gala de su tiempo, sino su conciencia activa. Él es la antena sensible que recoge el eco del pasado, el pulso del presente y avizora aún las prefiguraciones del porvenir. Todos los grandes movimientos espirituales de la humanidad, todas sus grandes convulsiones y crisis han nacido de esta conciencia activa, creadora de pasiones y sentimientos, espejo y molde de nuestras almas.

Stephen Spender, refiriéndose a la guerra y a la experiencia poética, decía a este respecto palabras aclaradoras: "Desde ahora —escribe— en Francia y en Inglaterra los poetas comienzan a ver claramente la tarea que les espera: expresar lo que sienten en su alma los millares y millares de hombres que viven con ellos estos tiempos apocalípticos. La más grande tarea queda por hacer; después de la poesía de la desesperación, habrá que escribir ahora la poesía de la esperanza, aquella que dará la salud a los hombres". Y poderes como los que originan su testimonio son los que, por encima de las confabulaciones de la fuerza, pueden darnos el temple moral necesario para resistir invenciblemente todos los maleficios.

Mas como el escritor puede también confundirse con el engaño, hay que insistir, con Denis de Rougemont, en otro de los aspectos de su misión: el de conservador de la pureza de un lenguaje. El verbo es el vehículo de las ideas y las creencias, el órgano de la comunicación con nuestros semejantes y nuestro rastro en la eternidad, pero puede nutrirse con la verdad o la mentira. La misión del escritor, entonces, es dar a cada uno de los conceptos que nos mueven tan acusado y nítido dibujo, tan cristalina transparencia, que denuncien con lealtad la sustancia que transportan. Que hagan saber sencillamente a los hombres lo que dicen y lo que viven; que les enfrenten el alcance de sus acciones y su responsabilidad humana. Ya Mallarmé, en el soneto imperecedero a la memoria de Edgar Poe, postulaba la misión del poeta como

donner un sens plus pur aux mots de la tribu

un sentido más puro, sí, de rica belleza estricta y aclaradora, nutrido de una materia lúcida, rebelde al cohecho o a la confusión, delator incorruptible de nuestro pecado, anunciador de nuestro bien y testimonio vivo de nuestra angustia y nuestra esperanza sobre la tierra. Y si el escritor es tan sensible espejo y molde de nuestra existencia, no es sorprendente que sus vicisitudes y las convulsiones de las sociedades les incumban tan radicalmente, y que aun las más graves conspiraciones contra la dignidad del hombre tomen al escritor y a sus misiones radicales por objeto inmediato. Uno de los más distinguidos escritores estadounidenses dirigió hace tiempo una requisitoria formidable contra el intelectual contemporáneo. El desorden de nuestro tiempo, decía en su manifiesto, es fundamentalmente una rebelión contra la común cultura de Occidente, un atentado contra los hábitos del intelecto, contra la seguridad del espíritu. Y el intelectual, salvo distinguidas excepciones, ha pretendido ignorar esta revolución del nihilismo, dirigida, sobre todo, contra aquellos valores de que él es depositario y conservador, tratando de convencerse de que puede continuar entre la corte venerable de las criaturas del espíritu, dando la espalda a su tiempo, erigido contra la vida que lo sostiene. Cuando, por el contrario, la misión del intelectual —la del *scholar* tornado hacia el pasado, tanto como la del escritor que expresa su tiempo— es devolver a los hombres una imagen purificada y verdadera de ellos mismos que les enseñe incite a la defensa de su nobleza o a la guerra contra su abyección.

Antes, pues, que ser una conciencia sorda a su tiempo, recreada sólo en la contemplación de su pasado ilustre, la misión de las letras confiere al escritor un destino tan grave como el que he tratado de expresar en estas palabras: integrador y enriquecedor de la personalidad del hombre, conciencia activa de su época, testimonio extremadamente sensible de las peripecias del espíritu y orientador incansable de sus pasos.

1945

LOS ESCRITORES Y EL ESTADO

Entre nos escritores y los medios culturales de nuestro país se advierte desde hace algún tiempo un malestar en sus relaciones con el gobierno de la República. No pocos culpan al Estado de su poca fortuna, de la pobreza editorial y aun del estancamiento de la literatura mexicana. Consideran que todo podría remediarse otorgando subsidios a las empresas culturales, colocaciones a los escritores y promoviendo la actividad misma de las letras a través de conferencias, viajes al extranjero y al interior de la República, premios y cuanto pueda imaginarse en beneficio de los intelectuales y del pueblo que espera su mensaje. ¿Pero es realmente el Estado el que debe sus dones a la inteligencia de México en la medida de sus solicitaciones, y puede realmente darle ese auge de que carece?

Han contribuido a agudizar este malestar hechos diversos. Ante las expoliaciones de las empresas editoras, la miseria de nuestros establecimientos de cultura superior —en los que prestan sus servicios como maestros no pocos escritores— y el hecho concluyente de que en México el trabajo intelectual es uno de los más miserablemente pagados, los hombres de letras han vuelto sus ojos al Estado para esperar de él la solución de sus desventuras. Si a otros profesionistas en diversas ramas del arte el gobierno los ha protegido regularmente, ¿por qué no a los escritores? Y, sin embargo, todavía no llega la hora esperada. Cuando el advenimiento de un secretario de Educación, escritor destacado, se pensó que su actuación iría a ser, sobre todo, en provecho de los intelectuales, ocurrió que, comprendiendo sustancialmente aquel funcionario el verdadero problema de la educación mexicana, dedicó sus mayores esfuerzos a la redención de la mitad del país que ignoraba las primeras letras, en lugar de ofrecer a quienes se acercaban a las formas más altas de la cultura el complemento necesario para su entera satisfacción.

Es, pues, éste, como todos los problemas de México, un problema cuya resolución está supeditada a la resolución total. No basta que se arguya que los escritores y los artistas de un pueblo son su expresión perdurable y que se les debe, por ello, una atención especial. Ya Baudelaire observaba que las naciones, como las familias, tienen grandes hombres a pesar suyo. Y a pesar de los grandes hombres, pudiera añadirse. Porque el escritor y el artista que tienen un mensaje que transmitir o una obra que realizar, no esperan, para hacerlo, ni su bienestar personal, ni el aplauso del pueblo, ni la protección de su gobierno. Pueden estimularlo, pero de ninguna manera condicionan su tarea. Aquellos escritores y artistas que solicitan una beca de un país extranjero para llevar a cabo una empresa, no tienen sino que recordar que ninguna obra verdadera ha sido realizada mediante auxilios semejantes. Y todos los que culpan al gobierno de México del marasmo de nuestra producción intelectual, a los editores de su renuencia a publicar sus obras y al público lector de su mínimo interés por las creaciones de su mente, debieran comprender que la causa y el remedio de estos males se encuentra en los escritores y en los artistas mismos. Es posible que existan notables obras inéditas y que nuestro panorama cultural cambiase si existieran editores dispuestos a perder unos miles de pesos y un gobierno persuadido de la bondad de una inversión en las personas de sus artistas. Pero es problemática la existencia de genios ignorados a los que no haya sido dado manifestarse siquiera a través de las páginas de una revista literaria o bajo el patrocinio de un lector perspicaz; es poco factible que nuestras contadas casas editoras se decidan a lanzar una obra cuyos lectores no pasarán de unos cientos, y no puede esperarse la ayuda de un gobierno para la comodidad de un grupo minoritario cuando ese gobierno afronta problemas capitales de los grandes núcleos de la población del país.

Hace algún tiempo se promovió una encuesta entre los escritores para saber qué esperaban, en beneficio suyo, del gobierno de México. Entre los interrogados, recuerdo que uno de mis amigos me indicaba que, antes de responder, propondría la pregunta contraria: "¿Qué espera el gobierno de México de sus escritores?" Es decir, ¿qué espera el pueblo de México de esos hombres que, por sus dones y por su valer, pueden beneficiarlo espiritualmente? Y si de un agricultor se espera que cultive la tierra y de un músico que haga música, de un escritor se espera simplemente que escriba: que dignifique su tarea, que la haga llegar a la inteligencia y a la imaginación de su pueblo, que exprese los valores espirituales de su patria en signos universalmente válidos, que contribuya al acervo cultural de la humanidad con investigaciones lúcidas y con creaciones memorables. Todo eso pueden esperar nuestro gobierno y nuestro pueblo de los escritores de México. A cambio de ello, la experiencia nos enseña que ha sido frecuente no retornar sino cárceles, miseria, olvido. Pero la misma experiencia nos recuerda que, en nuestro tiempo, el escritor puede ser también un comerciante afortunado de su mercadería literaria, si sabe expresar con lenguaje persuasivo y en símbolos claros y vigorosos los problemas y los anhelos de su tiempo, y que en ese caso los editores se disputarán sus obras y los gobiernos le otorgarán distinciones y honores, alguna vez realmente merecidos.

No todos los escritores ni todas las formas de la literatura pueden alcanzar esa prosperidad de los grandes novelistas norteamericanos que ganan millones con sus obras. Hay necesariamente un sector de las letras destinado a especialistas y a lectores de selección. Pero entre nosotros, con señaladas excepciones, toda la literatura parece escribirse para ser leída por un público muy reducido y no pocas veces sólo por los escritores, quienes, naturalmente, esperan que les sean regalados los libros. Cuando algunos de nuestros hombres de letras han decidido escribir para el pueblo, el pueblo los ha acogido con una prodigalidad extraordinaria. Recuérdense los casos de la serie autobiográfica de José Vasconcelos y de las novelas y relatos de José Rubén Romero, obras que han merecido varias reediciones y que han logrado para sus autores esas ganancias que tan escasas veces se reciben de las letras.

Cuando los escritores de México logremos hacer una literatura interesante y viva para nuestro pueblo; cuando ejercitemos nuestra pluma en ese lenguaje más arduo y elocuente, capaz de emocionar y cultivar a toda la legión de lectores que hoy lo son de autores extranjeros y literatura infantil, entonces olvidaremos el sentido de esa queja tan frecuente que achaca al Estado, a los editores y a las envidias las causas de un mal cuyo remedio sólo está en nosotros mismos. Un mal consistente en pereza y esterilidad, aislamiento y confusión que no puede ser curado por ningún recurso externo, sino por la propia decisión del paciente.

1947

LA REVOLUCIÓN MEXICANA Y LA LITERATURA*

Los que hemos tenido el privilegio de admirar, en el extraordinario documental cinematográfico *Memorias de un mexicano*, los hechos culminantes de nuestra historia en los últimos cincuenta años, hemos podido advertir, en la sencilla elocuencia de las imágenes, uno de los móviles más profundos que originaron el movimiento revolucionario de 1910.

En los desfiles militares y en las ceremonias oficiales de los últimos años del Porfiriato, el pueblo de México parecía forzado a una rigidez impresionante. Asistía ordenado e inmóvil a aquellos actos públicos y parecía resignado ya a ver sin azoro a los hombres del gobierno enfundados en la nítida simetría de sus trajes afrancesados y en el melancólico decoro de sus barbas y bigotes blancos. Algún observador, que recordara el gusto que siempre había mostrado el mexicano por el capricho y la libertad, en todos los órdenes de su vida, podría haber pensado que aquellas inclinaciones habían sido corregidas y que al fin el general Díaz había logrado imponer una sumisión a nuestro pueblo. Se hubiera engañado, ciertamente; porque aquellas severas y fúnebres levitas y sombreros de copa, aquellas barbas blancas y aquella quietud del pueblo no podían ser los signos de un México envilecido también y que se sintiese cómodo en aquel orden bien administrado para los de arriba y bien regulado para las ambiciones de los de abajo. Eran, en cambio, los signos visibles de una persistente presión impuesta a su índole profunda y a su vocación liberal.

La explosión revolucionaria acaudillada por Madero iría a mostrar hasta qué punto era ya intolerable para nuestro pueblo aquel régimen que quería imponerle una disciplina prusiana, una cortesanía francesa y un gobierno dictatorial al uso hispanoamericano. Era, pues, necesario rescatar nuestro estilo y nuestro destino propios. Y, reveladoramente, los soldados surgidos del pueblo que van a pelear por la instauración de sus derechos cívicos y de la justicia social, vuelven a vestirse con pintoresca arbitrariedad, atentos sólo a su gusto, a sus necesidades y

* Discurso pronunciado en la ceremonia conmemorativa del XL aniversario de la Revolución mexicana, en representación del jurado calificador de los Segundos Juegos Florales de la Revolución, el 20 de noviembre de 1950.

sus propias costumbres. Y cuando en las *Memorias de un mexicano* vemos que los hombres que están haciendo nuestra historia visten de nuevo como había vestido siempre el pueblo, y que el público que presencia los desfiles manifiesta ahora apasionada y tumultuosamente sus entusiasmos o sus repulsas, volvemos a tener la convicción de que México ha reemprendido la marcha en busca de su insobornable autenticidad.

Un retorno semejante a éste que se operó en la vida mexicana al advenimiento de la Revolución puede advertirse también en nuestras letras de aquellos años.

La literatura es un registro o una conciencia singularmente sensible de los fenómenos profundos que se operan en las sociedades: de su textura, de sus problemas y de sus sueños. La que se produjo en la época porfirista mostraba ya aquel conflicto sustancial que iría a desembocar en la Revolución de 1910, pues, contra lo que suele afirmarse, frente al modernismo que, aparte de sus valores literarios, significaba descastamiento, frivolidad social, cosmopolitismo y falsos refinamientos, existió otra vigorosa corriente, representada por nuestros grandes novelistas de fines del siglo xix, que afirmó la lealtad a lo nacional y que se preocupó por la vida de nuestro pueblo. Al mismo tiempo, frente al coro de los panegiristas de la dictadura, se mantuvo, para honra de nuestra conciencia cívica, otra corriente ideológica en pro de los derechos cívicos y de la justicia social, que se manifestó no solamente en reflexiones sociológicas y en el periodismo político, sino también en algunas obras literarias: novelas, cuentos y dramas en los que se denunciaban las opresiones que sufrían los humildes y se satirizaban los procedimientos políticos de la dictadura.

Hacia 1910, cuando el gobierno del general Díaz gastaba sus últimas pompas en la celebración del centenario de la Independencia y se fraguaba en las conciencias inconformes la lucha por una nueva independencia cívica, una generación literaria y filosófica, la del Ateneo, iniciaba también otra revolución cuyas conquistas más importantes —el espiritualismo filosófico, la disciplina crítica, la modernidad universal y la preocupación valorativa de la propia cultura— habrían de transformar decisivamente el tono y el contenido de nuestra cultura y habrían de constituir sus bases en el periodo contemporáneo.

Durante los primeros años de la Revolución, nuestra literatura sufrió fatalmente las consecuencias de la guerra, y nuestros escritores no permanecieron extraños a la crisis social y política de su pueblo. Algunos volvieron nostálgicamente los ojos al pasado o se aislaron o huyeron hacia otras tierras más propicias a su tarea, pero muchos otros dejaron llegar a su obra los fulgores de la conflagración. Y no hicieron esto último exclusivamente los novelistas. La poesía de González Martínez, por ejemplo, ha sido considerada como una voz salvadora que propuso un retorno al espiritualismo y a la contención moral como meta salvadora en medio del naufragio; y en los versos de López Velarde la "íntima tristeza reaccionaria" lo hizo volver a su provincia hollada y transformada por una Revolución que al fin lo condujo a un entendimiento más íntimo y entrañable de la patria.

Pero en la obra de otros escritores, singularmente los novelistas, la Revolución influyó directamente y les proporcionó un asunto de excepcional interés y dramatismo para sus creaciones. Al resurgimiento de la novela hispanoamericana ocurrido en las últimas décadas, México contribuyó con una de las aportaciones más originales y vigorosas: las novelas inspiradas en la Revolución. Ningún otro recurso mejor que éste pudo encontrar México para mostrar al mundo el temple y el espíritu de su pueblo y su oscuro e indomable propósito de conquistar su libertad. El solo aspecto anecdótico de estas novelas, la crónica que ellas contienen de las hazañas de los caudillos y de los hombres que los seguían constituye una rica galería épica de tan alto valor humano como las más ilustres de la literatura universal. En estas novelas maduraba, pues, la expresión nacional y autónoma de nuestra literatura, en cuanto en ellas se manifestaba, en su aspecto lingüístico y en su aspecto espiritual, lo que puede llamarse el estilo de un pueblo. Y aun en su forma misma, estas novelas abandonan a menudo los esquemas y la retórica de la prosa narrativa europea y crean sus formas propias en las que se mezclan la biografía y la historia noveladas con la pura invención, en las que la profundidad se alcanza por revelaciones y desnudamientos fugaces de las conciencias y en las que se muestra la eficacia de los peculiares recursos que posee el pueblo de México para expresar su drama. Por otra parte, y en virtud de su carácter tan acusadamente nacional, las novelas de la Revolución merecieron una calurosa acogida en Europa y en los Estados Unidos y divulgaron en pueblos remotos una imagen colorida y violenta de nuestra vida, que promovió, aun desde tan extremosa perspectiva, el aprecio por nuestra literatura, el conocimiento de México y la justificación de nuestra empresa revolucionaria.

Este ciclo novelesco recogió, pues, la galería episódica de la Revolución y expresó, con fuerza original, el estilo del pueblo que luchaba por conquistar su libertad económica y cívica, pero, en cambio, sus autores no siempre se mostraron de acuerdo con el desarrollo de la Revolución misma o con sus consecuencias prácticas, y no es extraño encontrar en sus obras el desencanto, la requisitoria y, tácitamente, el desapego ideológico frente a la Revolución. Pero si aquellos novelistas que habían participado en la lucha armada o que habían sido sus testigos se mostraban por lo general poco dispuestos a alentar la marcha del espíritu revolucionario, los escritores de la generación siguiente tomaron para sí esta tarea. Si nuestros novelistas de la Revolución prescindían del espíritu de aquella lucha para sólo atenerse a sus peripecias, los escritores de "contenido social", por el contrario, abandonarán los hechos revolucionarios para insistir, sobre todo, en las ideas o en los conflictos que esas ideas provocan. De la temática de la vida militar pasarán ahora a la temática de la vida campesina, obrera y de los bajos fondos de la ciudad, tanto para exaltar sus virtudes como para abominar de las clases privilegiadas que condicionan esas existencias. Es la época de la literatura y del arte al "servicio del proletariado". Esta nueva corriente literaria era la consecuencia de un natural proceso evolutivo, y estaba, por otra parte, de acuerdo con las ideas políticas entonces dominantes. Sin embargo, la literatura de contenido social no llegó a producir obras de la significación y de la calidad de las novelas de la Revolución, acaso porque su contingente mayor lo formaron escritores improvisados, que, atentos sólo a trasmutar los géneros literarios en manifiestos políticos en que importaba, sobre todo, la pureza ideológica, carecieron del talento necesario para crear obras literarias perdurables con sus convicciones políticas y sociales.

Junto a estas huellas más visibles e importantes de la influencia de la Revolución mexicana sobre la literatura, es necesario recordar que se produjeron también poesías, obras teatrales, ensayos y obras históricas en las que se reflejaba la Revolución o el espíritu revolucionario. Por otra parte, escritores anónimos y casi siempre de extracción popular dedicaron numerosos corridos a exaltar las hazañas o los acontecimientos memorables de la lucha. Su estilo directo y expresivo, dramático y picaresco era el que ya había surgido en nuestra poesía popular del siglo xix; pero en los corridos se expresaba ahora, con sencillo patetismo, la crónica anecdótica de aquella lucha en que nuestro pueblo peleó para conseguir que la libertad y la justicia fueran también para él.

La Revolución mexicana ha encontrado, pues, en la literatura, una de sus más firmes y constantes aliadas. En las letras aparecieron las primeras simientes ideológicas de aquel movimiento social, y cuando sobrevino la lucha, nuestras letras iniciaron no solamente su propia revolución intelectual, sino que expresaron y exaltaron poderosamente la heroica empresa de nuestro pueblo. Pero esta profunda y viril lealtad a la causa democrática tuvo también su recompensa, ya que, gracias a ella, la literatura mexicana conquistó su madurez y logró algunas de sus obras más hermosas y originales. Pienso que el maestro Altamirano, que predicaba con tanta constancia la necesidad de esta solidaridad entre la literatura y el pueblo, que es como decir entre las más sensibles antenas de nuestra conciencia y nuestra propia realidad y nuestro propio destino, hubiera presentado este triunfo de las letras mexicanas, aliadas a las causas populares, como un ejemplo que ilustrara la profunda verdad de aquel consejo suyo, y condenara, al mismo tiempo, el error y la inconsistencia de una literatura, falsamente aristocrática, que da la espalda al pueblo de donde surge.

Un elocuente testimonio de que aquella mutua y fértil solidaridad continúa viva nos lo ofrecen estos segundos Juegos Florales con que la Revolución sigue alentando el desarrollo de nuestra literatura. Los poemas que han sido premiados en este concurso por el jurado cuya representación me honra, son una prueba más de que la Revolución aún puede alentar cantos vigorosos y conmovidos, y de que nuestros escritores aún permanecen fieles al recuerdo y a la lección humana de aquella empresa con la que el pueblo de México rescató su autenticidad y su destino.

20 de noviembre de 1950

SITUACIÓN DE LA LITERATURA MEXICANA CONTEMPORÁNEA

Quien haya concedido alguna atención a la vida de la literatura mexicana contemporánea habrá advertido que, en los últimos años, esa vida ha dado muestras evidentes de una situación que, sin exagerado pesimismo, puede llamarse letárgica. No creo que fuera más exacto hablar de una crisis o de un decaimiento. Crisis viene a significar un debate interno, previo a la determinación en este o aquel sentidos; decaimiento implica un principio de ruina, de descomposición, y no pueden registrarse en nuestras letras actuales ni huellas de aquella lucha ni cenizas de este menoscabo. Sí pueden encontrarse, en cambio, señales de un estado letárgico. Los impulsos y tendencias que animaron a la literatura mexicana en los años anteriores a 1940 han sido agotados y su vigencia ha concluido; ningún otro camino, ninguna otra empresa suficientemente incitantes han tomado su lugar; no han surgido personalidades literarias de fuerza creadora y, frente a esa escena cada vez más vacía, todos los elementos exteriores parecen confabulados cuando su actitud no es más que una consecuencia de aquella inercia. Si recordamos la animación de los años que vieron aparecer las obras de madurez de la generación del ateneo de 1910 y de las promociones inmediatas y que asistieron al desarrollo de los novelistas de la Revolución y de los poetas y prosistas reunidos en la revista *Contemporáneos*, y comparamos aquella actividad con la de nuestros días, reconocremos hasta qué punto se encuentra adormecida la vitalidad de nuestras letras. No modifica esta situación el hecho de que, escritores de alguno de los grupos citados continúen publicando obras que reiteran su maestría o registran el curso de su decadencia, y la existencia de algunos jóvenes que han rendido ya obras valiosas y de quienes se esperan otras superiores. Aquéllos prolongan el esplendor de otros días y éstos —su persistencia o su esperanza— no consiguen, con todo, llenar un escenario que se mira, sí no vacío de personas, sí de una actividad fecunda.

Porque indudablemente siguen profesando o cultivando las letras muchos escritores. Considerando aparte aquellos sectores cuya actividad se ha mencionado antes y que constituyen la base de nuestra literatura contemporánea, los brotes que van surgiendo de aquel tronco no pueden ser más desalentadores. Los que escriben versos, llenos los oídos de la música de sus antecesores, componen variaciones de una lección aprendida a la que no añaden sino su carencia de originalidad; los que escriben novelas, exhaustas ya las fuentes de la Revolución, no aciertan a satisfacer al mismo tiempo las exigencias políticas y las literarias o exploran con indecisión nuevos caminos que hasta ahora no han logrado conquistar del todo, y los muy contados que han hecho sus primeras armas en el teatro padecen aún de mayores confusiones y debilidades, acaso por la madurez que exige este género; los ensayistas y los críticos, finalmente, salvo algunas excepciones que se encuentran sobre todo entre los escritores cuyo ejercicio principal no es literario, padecen no sólo de concepciones estrechas cuando no sectarias sino aun de insuficiencias técnicas en todos los grados. Puede encontrarse quizá exageradamente sombrío este panorama de nuestras letras contemporáneas. Pero téngase en cuenta que me refiero, fundamentalmente, a la producción de los escritores surgidos en los años siguientes a 1940, y que tomo en cuenta el término medio de esa producción, sin desestimar por ello la existencia de obras destacadas, piedras blancas casi perdidas en el páramo.

Considérese también, como un nuevo síntoma de este letargo, la inexistencia y la desaparición de medios de expresión literaria. Los libros de escritores mexicanos, maduros o jóvenes, significativos o insignificantes, son cada vez más escasos. No existe en la Ciudad de México ninguna revista que pueda considerarse representativa de nuestras letras; han desaparecido publicaciones que subsistieron por varios años, ahogadas, más que por motivos económicos, por la pobreza de textos; las revistas que aparecen en algunos estados, aun contando con todas las limitaciones que las cercan, no pueden considerarse más que esfuerzos beneméritos para mantener una tradición. Y si todo ello puede hacer pensar —a quien no se detenga a meditar en los motivos que los editores tienen para considerar inversión riesgosa la publicación de obras literarias mexicanas y en las causas verdaderas de la desaparición de las revistas— en la existencia de una confabulación contra las letras contemporáneas, en realidad esta limitación de los medios publicitarios no es más que una consecuencia del letargo en que se encuentra nuestra literatura actual. Ahora bien, ¿dónde residen las causas de semejante situación? Creo que radican, algunas de ellas, en ciertas deformaciones y estrecheces que hemos impuesto al ejercicio literario y que otras tuvieron su origen en épocas más o menos remotas y las hemos heredado, en ocasiones ignorándolas, sin procurar enderezarlas. Las reflexiones que siguen son un esfuerzo por aclarar, con lealtad y sinceridad, la situación de la literatura mexicana actual y mucho me confortaría poder reconocer que en esta o aquella observación pesimista la realidad o su esperanza son mejores que como yo he creído verlas. ¿No soy acaso también responsable en una parte modesta del estado en que se encuentran nuestras letras?

Vida y actividad literaria

A lo largo de la historia y aun dentro de cada una de sus épocas, la literatura ha sido ejercida en todas las formas posibles que caben entre la entrega apasionada y total y la ocasional experiencia. Las obras maestras no surgen necesariamente de los escritores que pueden llamarse totales; pero es difícil que una literatura vigorosa sea creada por una generación de aficionados a los que, por lo general, no ha sido deparada una gran dosis de talento.

Una de las peculiaridades más visibles de la actividad literaria de los escritores mexicanos que han aparecido después de 1940 es precisamente cierta forma limitada de diletantismo. Les interesa ciertamente la literatura, pero sólo en cuanto es un ejercicio distinguido y un medio para conseguir o justificar algunas libertades. Y han llegado a ella, por otra parte, por una pendiente engañosa: la necesidad de expresión de una carga sentimental. Cuando la han satisfecho, unos permanecen anclados en este lirismo primitivo, retocándolo aquí y allá con un barniz de modernidad, y otros, que han comprendido su incapacidad poética, derivan a otras formas literarias que consideran de fácil acceso o abandonan la literatura. Con todo, algunos de estos escritores poseían una calidad espiritual susceptible de cultivarse y desarrollarse; pero abandonados a su propio curso y consumida aquella calidad por todas las inercias, sus obras naturalmente permanecerán insignificantes.

Mas cuando se ha ingresado en la literatura por esta puerta falsa se está más dispuesto a adoptar los supuestos privilegios de la nueva profesión que a reducirse al rigor de su disciplina. Incitados por algunos ejemplos memorables, los nuevos escritores aplican su primer esfuerzo a liberarse, hasta donde alcanzan sus fuerzas y su audacia, de la sujeción a una moral y a unas costumbres, buenas sólo para el hombre común, pero inoperantes para quienes, como ellos, son los depositarios del espíritu. Y a tal punto han llegado a considerar conceptos correlativos literatura y amoralidad que, invirtiendo los términos, no ha faltado quien, después de conquistada una perversión o una simple "liberación" de la moral común, pretenda adornarla con el ejercicio literario, como si al apartarse de la naturaleza de los códigos se hubiera adelantado un paso hacia la literatura. Poco importarían al punto de vista del presente examen estas particularidades si sus resultados hubieran sido obras de mérito literario y si no implicaran uno de los factores primordiales del letargo de nuestras letras. Pero ocurre que quienes así confunden el espíritu y la misión de las letras, cuando llegan a producir alguna obra, ésta, minada desde su nacimiento, lleva en sí misma los signos de su esterilidad y no logra ser más que eco de los modelos ambientes. Pueden recordarse ciertamente ejemplos de obras maestras creadas por escritores que han prescindido de la moral pública; pero, en todos los casos, aquel amoralismo ha sido algo más que frivolidad o beneficio de las letras: ha sido un destino o una doctrina. Y aquellos escritores no han sido eminentes precisamente porque eran amorales.

En cualquiera de los sentidos en que se opere esta confusión, sus resultados suelen ser un divorcio entre la vida y la literatura. Es grande la dosis de valor o cinismo necesario para llevar hasta las. obras escritas la materia turbia o inconfesable de la vida, y cuando no se tiene esa audacia, como sucede en la mayoría de los casos, la solución es crear un mundo separado para el arte. Un mundo que comienza por enrarecer y extenuar sus savias y acaba por ser inocuo. Un mundo también que comienza apartándose de la propia vida del escritor y concluye por apartarse de la realidad. En las obras de estos escritores, el mundo se habrá reducido a ideas y conceptos literarios, a ejercicios puros de la inteligencia y análisis cautelosos del movimiento de los sentidos, cuando no a manifestaciones y defensas encarnizadas de unos ideales no profesados más que con las palabras. Pero les falta aquella sustancia persuasiva que sólo puede dar la conformidad entre la vida y el espíritu, aquella pasión lúcida y total que hace de nuestras obras algo más que juegos estériles o prédicas vacías.

Será empresa ardua la de transmitir a nuestros escritos esta intensidad y esta virtud si emprendemos la literatura como una frívola afición. Aquí, como para todas las artes y todos los oficios humanos, es necesaria también una vocación profunda que nos aliente a perseverar en las arideces antes de alcanzar la conquista de nuestros propios dones y, si se quiere, los privilegios de la profesión. Sin embargo, aun entre estos casos en que la necesidad de expresión literaria aparece suplantada por muchas otras que sólo artificialmente tienen relación con la literatura, pueden encontrarse, a pesar de la deformación y el abandono a que se las ha sujetado, algunas auténticas vocaciones. Pero sus poseedores, con un concepto típicamente romántico del arte, esperan poder extraer sus obras de su genio y de la inspiración que los transporta y, abandonándolas a su propia ventura, procuran disfrutar alegre y despreocupadamente la vida mientras llega el momento de proferir el mensaje divino. Si alguno llega a recibir la visita del ángel, el mayor número, en cambio, permanece inútilmente en su espera. El destino de esta mayoría volcada hacia la literatura —y aun el de los inspirados— es el de edificar dentro de sí al escritor del que no han recibido más que el asiento. Edificarlo con la intensa y larga paciencia necesaria para explorar el mundo visible y el de las ideas, para reconocer las luces y las sombras de nuestra intimidad y para labrar un instrumento capaz de expresar fielmente nuestro testimonio.

Literatura y actividades cercanas

En nuestro medio, como en tantos otros, aquellos que profesan de nombre o de hecho la literatura encuentran, desde luego, que esa actividad no les permite subsistir. Muchos se complacen en analizar su infortunio, acusando al Estado, a los libreros, a los editores o a las instituciones culturales de la miseria que se les depara. Círculo vicioso. ¿Por qué no acusarse a sí mismos por no crear una literatura buena y viva para el pueblo y para la realidad en que viven? Pero el hecho es que no pueden vivir de ella y, siguiendo una tradición, buscan un acomodo en actividades cercanas a las letras: periodismo, magisterio, cinematógrafo o labores técnicas y administrativas. El hecho en sí mismo es no sólo justo, sino también necesario y debiera, además, no ser nocivo para el ejercicio literario. ¿A qué se debe, entonces, que lo sea en nuestra realidad actual?

Si bien se mira, cada una de estas actividades en las que suele refugiarse el escritor, podrían proporcionarle una disciplina provechosa para su formación literaria. Del periodismo podría recibir, como ha ocurrido en tantos casos, un dominio del oficio y una agilidad de espíritu; en el magisterio ganaría una sistematización de sus conocimientos, en sentido armónico de la mente y aun aquella humildad que impone nuestro medio al maestro; el cinematógrafo podría enseñarle un dominio técnico capaz de aprovecharse con éxito en la literatura, y de las labores técnicas o administrativas, de cualquier especie que sean, podría obtener la lección de un rigor o de un método o, en el peor de los casos, la conciencia de poseer un mundo propio, más puro y amable que aquel donde paga su tributo.

Y otro tanto podrían ganar del escritor literario cada una de estas actividades. La finura del espíritu, la educación de la sensibilidad, la precisión de la mente, la curiosidad intelectual, que en mayor o menor grado distinguen al escritor, pueden ser aptitudes excelentes en aquellas actividades. Pero, salvas las consiguientes excepciones, la actuación de nuestros escritores contemporáneos en las profesiones que les permiten subsistir ha sido muy diversa a esta posibilidad teórica. Antes que ganar una lección y una disciplina en las labores que debe cumplir y antes que aportar a ellas sus propios dones, optan por otras soluciones. Unos, sospechosamente conscientes de la calidad de su genio, creen que el resto del mundo tiene la obligación de conservarlos y alentarlos y no llevan a las tareas que se les confían más que su displicencia y su orgullo; otros, más ávidos de fortuna que de gloria, prefieren dejar a un lado lo que tienen de escritores y, con esa flexibilidad típica del carácter mexicano, se adiestran rápidamente en todas las perezas mentales, trucos efectistas y aun malas artes que suelen ser los caminos conocidos para conseguir el éxito en cualquiera de las profesiones a que se han acogido.

Para nuevo infortunio de las letras, son más numerosos los escritores convenencieros y corruptibles que los orgullosos. Éstos, al menos, procuran conservar y defender la virtud de su espíritu, mientras que aquéllos la cambian fácilmente por pocas o muchas monedas. Con la actuación de estos últimos, además, se ha perdido la posibilidad de elevar los instrumentos de cultura para el pueblo o los servicios sociales a un decoro y a una eficiencia de que carecen. Examinemos, para comprobarlo, lo que ha ocurrido con la actuación de la mayoría de los escritores mexicanos contemporáneos en cada una de estas actividades.

Quienes han conquistado el periodismo, antes que llevar a él la elegancia de su lenguaje o de sus concepciones, la verdad de su sabiduría o la justicia de sus convicciones, han aprendido allí el arte de la venalidad, la calumnia, la agresión o la irresponsabilidad moral. Sus ideas políticas pronto son sustituidas por otras más productivas o menos peligrosas; su oficio literario no sólo no gana aquella agilidad que proporciona el ejercicio diario de la pluma, sino que pierde sus antiguos recursos para mantenerse en el anquilosamiento de las fórmulas hechas o prostituirse con el empleo de los recursos de éxito conocido.

La acción de los escritores dentro del magisterio, con menos posibilidades de abyección, cuenta, sin embargo, con la pereza mental, la mecanización de los conocimientos y el empleo de métodos más o menos turbios para la adquisición de posiciones ventajosas.

En las actividades relacionadas con el cinematógrafo, de reciente conquista para nuestros escritores, la obra de éstos se ha reducido a la propagación de la vulgaridad. Algunos realizan un primer intento para imponer al filme su sentido y su experiencia artísticos o sus convicciones sociales, pero, ilustrados por el fracaso, ingresan pronto en el servicio organizado en pro de la mediocridad, de la irritación sexual o nacionalista y de todos los tópicos de seguro éxito económico. Nuestro cinematógrafo, antes y después de la invasión de un grupo numeroso de escritores mexicanos, ha sido el mismo. Su acción es invisible porque ellos han aceptado las reglas establecidas de un juego sin tratar de imponer con acierto sus convicciones estéticas o morales. Pocos espectáculos poseen una influencia más extensa y más profunda sobre el pueblo y en pocos países el cinematógrafo ha sido utilizado con tanta ceguera y torpeza como en México. Sus dirigentes han llegado a hacer inoperantes, a fuerza de coacciones, las tentativas del gobierno para hacer un instrumento civilizador de lo que hoy es sólo un instrumento excitante, y, dueños de una casi completa libertad de acción, se sirven de ella en provecho exclusivo de su economía. Padecen una estrechez de visión y una inconsciencia de su responsabilidad social que nadie mejor que los hombres de letras que intervienen en la elaboración de los filmes o comentan asuntos cinematográficos podrían enderezar lenta pero eficazmente. Pero, con excepción de esporádicas reflexiones, no se ha advertido hasta ahora su propósito claro de convertir en realidades los que acaso sigan siendo sus ideales. Se han dejado convencer con excesiva facilidad de que el pueblo sólo pide excitantes y, a toda costa, reducen su inteligencia y su sensibilidad artística a las fórmulas de éxito económico ya probado. Al renunciar así a emplear sus mejores armas en bien de la cultura y la educación populares, nuestros escritores contemporáneos han incurrido en una abdicación de grave responsabilidad. Atentos sólo a su provecho y al de sus empresarios, olvidan el más importante que es el del pueblo y contribuyen al mismo tiempo a retardar el crecimiento cultural de la nación y con ello la posibilidad de vigencia real de la literatura que escriben.

La intervención de los escritores contemporáneos en las labores técnicas o administrativas y en los servicios públicos, finalmente, puede decirse que se ha mantenido sin evolución visible en la situación creada durante el porfirismo y que puede resumirse como una situación de provecho antes que de servicio. Durante la época de Juárez, por ejemplo, escritores como Ramírez, Altamirano, Riva Palacio o Prieto concebían los cargos públicos o privados como un medio de servir a la patria y a un gobierno al que respetaban o censuraban abiertamente; pero cuando la instauración de la dictadura porfirista creó la necesidad de comprar adeptos y corifeos, aquellos cargos se convirtieron en prebendas y oportunidades de lucro. En cambio de la adhesión a la dictadura, en nuestros días sirven la adhesión a la ideología oficial del momento, la amistad de los poderosos o las complicidades políticas, pero los resultados siguen siendo los mismos y los escritores se comportan, con honrosas excepciones, como el resto de los ciudadanos. Con una conversión oportunista semejante a la que ocurría en los casos de los que participan en el periodismo, en el magisterio y en los oficios relacionados con el cinematógrafo, los que viven de trabajos técnicos, administrativos y de servicio público han adoptado todas las lacras, inercias y perversiones endémicas de esas profesiones, renunciando a imponer en ellas la marca del espíritu armonioso y lúcido que debía distinguir a los escritores en todas sus actividades, pero cuya constante ausencia pone en duda su realidad.

Educación y práctica del oficio

De las generaciones literarias del pasado inmediato, el escritor de nuestros días ha recibido dos modelos de actitudes frente a la literatura. Los poetas del grupo modernista —particularmente los de segundo plano— crearon un tipo de ejercicio literario, tardía supervivencia romántica, conocido con el nombre de "bohemia". Placeres más o menos refinados, de acuerdo con las posibilidades de la bolsa, abandono, preocupación por distinguirse del resto de los mortales, veneración obsesionada por lo que se considera lo nuevo en literatura, exclusión casi completa de cualquier otro conocimiento y confianza en las espontáneas aptitudes propias, conforman sumariamente este tipo de ejercicio literario. Se salvaron con él, dentro del modernismo, quienes tuvieron auténtico talento y supieron usar las dosis tolerables de estas drogas; pero a él debe achacársele también la inconsistencia humana de toda esa época de nuestras letras y la endeblez de la obra de tantos escritores que, sujeta a una disciplina menos destructora, podría haberse transformado en decoro si no en grandeza.

La generación de 1910 o del Ateneo, que siguió en México a la modernista, gracias a la lección de maestros como Pedro Henríquez Ureña y Antonio Caso, se empeñó en sustituir aquel ocio lírico y privilegiado por una disciplina que nacía de la conciencia de la responsabilidad histórica que les tocaba. La determinación de conquistar dominios culturales, antiguos y modernos, nacionales y extranjeros; de vencer las dificultades técnicas del oficio y de realizar obras fundamentales de difusión cultural, excluía en ellos la posibilidad de ocuparse demasiado de sus sentidos o de su condición excepcional. Y al proponerse la superación de especies literarias más complejas y de mayores exigencias, transformaban en su ánimo aquella ciega confianza en la virtud del propio talento, distintiva de sus antecesores, en una actitud más humilde y realista que los llevaba a concebir el ejercicio de la literatura como un oficio que, al igual que cualquier otro, debía aprenderse y ejercitarse.

Solicitados al mismo tiempo por estos dos ejemplos, los escritores mexicanos contemporáneos han sido más sensibles a las seducciones del primero que a la austeridad de este último. Pero aunque en términos generales puede decirse que siguen adictos en lo fundamental a aquel modelo de formación y actividad literarias, debe señalarse también que lo han adaptado y adicionado con algunas notas peculiares. Reconocidos ya los modelos, examinemos cuál es el proceso y cuáles son las características principales de la formación cultural y de la práctica del oficio literario en nuestros hombres de letras actuales.

Continuando un proceso tradicional, los escritores contemporáneos reciben su educación fundamental en universidades o instituciones de cultura superior, o bien se procuran por sí mismos aquellos conocimientos y técnicas que estén a su alcance y que consideran necesarios. Los que han pasado por la escuela recibirán, junto al provecho de una educación más o menos congruente y sistemática, el lastre de esquemas arbitrarios y de modelos preferentemente académicos; y los autodidactos se encontrarán cercados por las inercias del gusto ambiente cuya evolución retardada les ofrecerá como literatura viva la que, nacida cincuenta o cien años antes, ha logrado asimilar la mente popular en sus días. A uno y otro les es preciso, consiguientemente, deslindar por sí mismos, de aquel repertorio de conocimientos, recibidos por uno u otro camino, lo que es útil para su formación literaria de lo que es solamente un peso muerto, e iniciar luego, guiados por su propio sentido estético o por la lección de algún maestro, su verdadera educación. Pero en una tarea tan ardua como ésta, en la que se han empeñado con tan débiles armas y para la que han preferido los ejemplos menos heroicos, difícilmente pueden salir airosos. Los resultados suelen ser una formación en muchos aspectos insuficiente. La elección de sus lecturas se guía con frecuencia por incitaciones externas u ofertas de una moda o una propaganda y no por la búsqueda de lecciones perdurables, por el reconocimiento de afinidades y tradiciones o por la curiosidad intelectual. Emprenden la creación literaria sin otro criterio que el del capricho, iniciándose muchas veces en el oficio con tareas que, por sus dificultades y por la plenitud de criterio y de información que implican, se reservan a la madurez. No siguen otra disciplina interior que el azar y así, intentando un día la poesía y otro la novela, el teatro o el ensayo, va sobreviniendo la producción literaria de nuestros días, fruto de la incertidumbre y de la concepción absurda que de las letras tiene la mayoría de los escritores mexicanos actuales.

Pero como no todos los llamados géneros literarios exigen con el mismo rigor una formación cultural y una disciplina orgánicas, nuestros escritores prefieren aquellos para los que, según suponen, basta la espontánea excrecencia de su sensibilidad o de su inteligencia. De allí su predilección por la poesía lírica que, expresión al fin de la fluencia individual, no requiere más que decorarse con la retórica en boga, de fácil adquisición. Mas aunque el engaño tuviera un éxito inmediato —entre otros monederos falsos, por lo común—, el tiempo se encargaría de olvidarlo. Existe un tipo de poesía que no requiere, ciertamente, una educación ni una disciplina, pero, desde el principio de los tiempos, sólo ha sido concedida a unos cuantos elegidos entre los que no puede encontrarse, según parece, a nuestros contemporáneos. No les queda, pues, otro camino que labrar, a costa de toda la paciencia y de la experiencia que puedan acumular, el canto que sienten nacer dentro de sí para que surja al menos limpio de impurezas y de lugares comunes. Los géneros en prosa ofrecen dificultades menos sutiles que las que esconde la poesía. La materia, por más franca, hace más difícil la ilusión óptica. La novela y el teatro exigen una concepción arquitectónica, una riqueza de elementos y una capacidad de objetivación cuya ausencia o insuficiencia no se presta a engaños. En los últimos años, sin embargo, se ha cultivado insistentemente un género narrativo que parece haber encontrado el secreto para esquivar estos rigores. Consiste en un relato de construcción lineal en el que se atribuyen a un personaje inconsecuente una serie de análisis psicológicos preferentemente autobiográficos. Es, pues, una nueva forma de expresión lírica, complicada con las preocupaciones psicológicas características de nuestro tiempo, en cuya misma facilidad residen sus exigencias. Proust acertó a crear con esta materia una novela memorable; pero no se limitó, como nuestros contemporáneos, a narrar, mediante un rudimentario recurso novelesco, el curso monótono de unas sensaciones artificiales o vulgares.

El teatro, a causa de la precisión de su retórica, ha permanecido casi intocado por los nuevos escritores y en ello puede verse una de las pruebas más patentes de la inconsistencia do éstos. La forma cerrada del teatro, su reducción a medidas justas y la claridad con que transparenta las debilidades que se le imponen, exigen una inteligencia madura y un dominio técnico consumado. No es suficiente en él la simple extraversión de las imágenes o las sensaciones internas; son necesarias, además, la concepción orgánica de una historia y la encarnación de cada uno de sus factores en protagonistas diferenciados y dueños de una verdad psicológica, y la articulación de estos elementos en una obra capaz de transmitir con eficacia a sus lectores o espectadores el mundo concebido por el creador. La representación misma de obras teatrales, en los días que corren, no parece haber sido más afortunada. Los campos se han partido claramente en dos bandos, inútilmente antagónicos. En los teatros comerciales han quedado los viejos equipos de comediantes, tan familiarizados con la escena como encallecidos en sus vicios; y, junto a ellos, sin pretender aun robarles un público que saben complacido, han ido surgiendo grupos experimentales cuyo propósito es el de renovar tanto los repertorios dramáticos como el arte escénico mismo. Su persistencia, su proliferación y aun su heroísmo no pueden ser equivalentes, desgraciadamente, al éxito. No basta sustituir las obras efectistas por las más modernas producciones ni basta tampoco alejarse de la vieja escuela de nuestros comediantes: improvisándolo todo, en un arte más exigente que ninguno de un paciente y sólido aprendizaje, las representaciones de estos grupos de jóvenes no han pasado aún de aquella etapa experimental, ya aludida por el nombre con que se les conoce, y no tienen muchas posibilidades de superarla. La pobreza de la producción teatral y la inconsistencia de la actividad escénica en el México contemporáneo responden, sin embargo, a causas bastante complejas. Acaso no tengamos teatro porque su posesión implica una madurez cultural que aún no alcanzamos. Pero acaso retardemos su conquista si la perseguimos en incursiones tan superficiales y caprichosas como las que presenciamos. Para afirmar el teatro como una función viva en nuestra sociedad será preciso que todos sus realizadores materiales se sometan, tantos años como sea necesario, al aprendizaje que requieren y que sólo pueden recibir de quienes en el mundo son poseedores de ese arte; será preciso también que los escritores teatrales, luego de recibidas todas las savias del teatro universal, encuentren el secreto para entroncar, en la tradición cultural y en la realidad y el carácter de nuestro pueblo, un teatro vivo y elocuente, espejo y rector de nuestras pasiones.

Por lo que se refiere a aquellos géneros en rosa como el ensayo y la crítica, ancilares de la literatura y que suelen ser más propiamente historia, filosofía o ciencia, las dificultades que debe superar el que los intenta son tan engañosas como de lenta y disciplinada conquista. El ensayo tienta a nuestros escritores contemporáneos por su versatilidad y por aquella ausencia de exposición orgánica que lo distingue; y a la crítica se acercan confiados en la posibilidad de exponer acerca de una materia determinada una opinión personal. Pero ambas disciplinas exigen concepciones maduras, vigorosas y originales, una cultura amplia y lúcida y una serie de técnicas cuya carencia inutiliza las mejores voluntades y aun los mejores talentos. Suponiendo la existencia de concepciones profundas en nuestros ensayistas y críticos actuales, la pobreza de su cultura los lleva muchas veces a descubrir el Mediterráneo, cuando no a insistir sobre materias agotadas a las que no añaden sino la exhibición de sus cortos alcances. Aún más visible es la insuficiencia de conocimientos técnicos como la bibliografía, los procedimientos documentales y eruditos y los nuevos métodos críticos e historiográficos. Fieles a esa tradición mexicana que nos alienta a improvisarnos en todos los oficios, negándonos a reducirnos a las convenciones establecidas y a aprender métodos y técnicas —frutos de la experiencia y condición de claridad y precisión—, nuestros escritores de hoy afrontar estos problemas guiados por su propio discernimiento o por el modelo que encuentran más asequible. Las consecuencias suelen ser procedimientos caóticos y rudimentarios. Su documentación ignora con frecuencia los trabajos fundamentales acerca de la materia que estudian; sus referencias proceden a menudo de ediciones sin autoridad y las indican según la forma que les parece más natural, pero que sólo excepcionalmente coincide con los modelos adoptados en el mundo cultural; los métodos críticos e historiográficos, finalmente, que siguen, son aquellos que la costumbre les ha transmitido y que cada uno ha reducido a sus propios recursos y preferencias: crítica o historia literaria impresionistas, es decir, opinión personal y sin compromisos, carentes de rigor y de autoridad científicos. Pocos se han interesado, por ejemplo, en los nuevos métodos críticos e historiográficos de la ciencia literaria contemporánea, cuya aplicación convierte la nebulosa del ejercicio crítico en una disciplina regulada, capaz de entregar resultados objetivos y tan precisos como es posible dentro de la literatura.

Todas estas limitaciones e insuficiencias técnicas en cada uno de los géneros literarios o cercanos a literatura tienen su origen en el tipo de vida literaria que siguen nuestros escritores, en el cual el capricho y la superficialidad son la principal norma. La literatura se considera una emanación espontánea y fatal y no un oficio en el que, como en cualquiera otro, es preciso educar y ejercitar los dones originales. Un oficio que exige una disciplina interior, una educación de la sensibilidad y la inteligencia que vaya ampliando y organizando nuestro propio universo y vaya descubriendo en él las vetas susceptibles dc aprovechamiento, y una disciplina externa que adiestre nuestra pluma, con laborioso y constante empeño, en la resolución de los escollos más sensibles y que nos mantenga en permanente contacto con aquellas creaciones del espíritu que puedan fecundar nuestra propia creación y con aquella tradición cultural de nuestro pueblo que es nuestra raíz y en la que podemos encontrar nuestra razón de ser, nuestra misión y la tarea que nos está confiada.

Lealtad a la tradición

El escritor, como el árbol, crece de su propia semilla pero debe alimentarse y asentarse en la tierra y recibir los alientos vitales de la atmósfera que lo circunda. No puede desarrollarse, pues, en sí mismo, aislado y fuera de su tiempo; se debe, tanto como a sí mismo, a cuanto le rodea; su circunstancia lo modifica y condiciona y él, a su vez, modifica y condiciona su realidad en torno.

Siguiendo este símil, la atmósfera, aire y lluvia recibidos del exterior, equivale para el escritor a los estímulos y a las lecciones de la cultura universal que él acierte a captar y a toda la vida misma que haya convertido en su experiencia; la tierra que lo nutre y lo asienta es la tradición cultural y vital de su pueblo, de la cual él forma parte y es un elemento activo, la que le ha impuesto sus rasgos distintivos, sus posibilidades y sus limitaciones y a la cual su obra personal ha de agregarse, nueva tierra y nuevo sustento para su posteridad, enriqueciendo aquel sedimento o añadiéndole sólo una materia inerte.

El escritor que aspire a una formación orgénica requiere, pues, tanto como el impulso de sus propios dones y la conquista de experiencias vitales y culturales, la conciencia plena de la tradición de que él forma parte. Cuando esa tradición es modesta, como ocurre en el caso de México, la actitud del escritor contemporáneo suele ser de desprecio para un acervo que considera que no habrá de mejorarlo ni deleitarlo. Se acerca con una curiosidad prudente a la cultura de su tiempo, que en cierta forma se le impone, pero sólo excepcionalmente procura conocer la literatura que le ha precedido. La brevedad de la vida, piensa, basta apenas para leer, escuchar o admirar las obras maestras de la cultura universal —entre las cuales la contribución mexicana es exigua— y sería insensato gastar el tiempo en obras por lo general secundarias o superables como las que se han producido en nuestro país. Es evidente la necesidad de nutrirnos en los grandes monumentos del espíritu , pero, si por satisfacer esta necesidad o sus aproximaciones ignoramos nuestra tradición cultural —lo que equivale a ignorarnos a nosotros mismos—, corremos el riesgo de destruir las raíces que nos sustentan y las únicas que pueden proporcionarnos un punto de apoyo para nuestras empresas.

Por ignorar estas raíces, algunos poetas provincianos comienzan a descubrir el romanticismo y otros escritores pretenden que conquistemos en unos meses las cumbres que se escalan en siglos de constantes esfuerzos. Unos deciden levantar una columna ya erigida y otros resuelven adornar los salones de un edificio que aún no hemos concluido, antes de resolverse a averiguar en qué estado se encuentra la construcción en que todos hemos de cooperar. Es posible que no nos parezcan satisfactorias las contribuciones de nuestros antecesores; mas aunque prefiramos contemplar la grandeza de la casa de nuestros vecinos, nuestra obra personal habrá de añadirse a la casa en que hemos nacido y a la que pertenecemos. ¿Cómo conseguir que esa edificación se levante armoniosamente y siempre superada si decidimos ignorar la obra de los que nos han precedido? Satisfáganos o no ese pasado, es preciso reconocer en él nuestro punto de partida, una lección y un estímulo y aun una parte de nuestra propia imagen.

Si nos preguntamos a qué se debe en la actualidad este juicio adverso para nuestro pasado literario, advertiremos que tiene su origen menos en la modestia de ese pasado —alumbrado aquí y allá por valores eminentes— que en la escasa atención que le concedemos. Esa atención es conocimiento, estudio, investigación, difusión; en suma, lo que se llama en la actualidad propaganda. Vivimos, en lo literario también, bajo el imperio de la propaganda y no hemos aprendido a concederla a nuestras propias obras. Pero si fatalmente hemos de conducirnos con reacciones tan primitivas, sometiendo nuestras preferencias al repertorio de lo que se nos ofrece seductoramente, seamos generosos también con nuestra literatura. Y cuando, gracias a nuestra conciencia o solidaridad cultural o a los milagrosos efectos de la propaganda, nuestro pueblo comience a leer el *Periquillo* o los poemas de Sor Juana, *Astucia* o las obras de Altamirano, descubrirá sin duda que las encuentra mas interesantes y expresivas—para él mismo— que muchas de las lecturas que hoy lo invaden. Reconocerá también que esas obras le hablan con un lenguaje y unos sentimientos conocidos, los suyos propios, y que le hacen respetar y amar con más verdad a México.

Esta actitud de recelo frente a la tradición literaria —más preponderante entre nuestros escritores contemporáneos que aquella otra que procura conocer y exaltar la tradición—, suele sustituirse frecuentemente por un nacionalismo de cortos alcances. Consideran algunos, en efecto, que la mejor manera de ser leales a su patria es patentizar su adhesión a la causa del pueblo, desde una perspectiva política, liberal o conservadora, y dedicarse a la descripción de su historia y sus costumbres. Dueños o no de auténtica sensibilidad popular, se empeñan en obras que, si excepcionalmente alcanzan con verdad literaria y humana sus propósitos, por lo general resultan artificiales e ineficaces, como literatura no menos que como propaganda. Su falla fundamental radica, según puede colegirse, en la inconsistencia de su actitud. Carecen, en la mayoría de los casos, de aquel sentido de continuidad esbozado antes y sólo aciertan a cubrir su desarraigamiento, respecto a la compleja realidad espiritual y material de su patria, con un nacionalismo inmediato y deformado. Y si esperan ser más mexicanos por ocuparse de "lo mexicano", no consiguen, en el mejor de los casos, más que ser folkloristas. Una peculiaridad nacional no proviene de los asuntos, que pueden ser tratados por cualquiera, sino de una conformación espiritual distintiva y ésta se manifiesta fatalmente lo mismo en una obra de inspiración cosmopolita que en otra de asunto típicamente nacional.

La lealtad a nuestro país, que es lealtad a nosotros mismos, no tiene otro camino que enderezar nuestra obra literaria hacia el desarrollo orgánico y progresivo de la cultura de nuestro pueblo, y uno de los más seguros caminos para lograrlo es continuar, rectificándola o prosiguiéndola, la empresa colectiva en que participamos, bien aseguradas nuestras plantas en el suelo que nos es propio.

El libro y el pueblo

En las épocas, muy remotas ya, en que la cultura fue una forma plena y general de vida, la literatura como el arte todo era expresión de una sociedad que respondía entusiastamente a aquellas manifestaciones surgidas naturalmente de sí misma. Debilitado aquel acuerdo por las transformaciones espirituales que han creado la mente moderna, la cultura se ha ido convirtiendo en el saber de unas minorías, saber que no se manifiesta ya espontáneamente en formas vitales ni trasciende, si no es por medios artificiales, al pueblo. La magnitud y el crecimiento de este divorcio pueden reconocerse en la lentitud con que suelen llegar a los hombres comunes las creaciones artísticas e intelectuales. La sensibilidad popular, en efecto, sigue un ritmo evolutivo cuyo retardo, respecto al de las minorías cultas, puede considerarse en nuestro país de un siglo. Acaso en otras naciones de mayor integración cultural este retardo se reduzca a lapsos menores; pero ni aun en las más avanzadas deja de existir. El arte contemporáneo, particularmente, ha violentado esta escisión. Surgido del propósito de romper con la tradición, de extremar la originalidad y de penetrar en territorios del espíritu o de las formas nunca antes explorados, ha provocado en los no iniciados un sentimiento de repulsión que sólo muy lentamente da acceso a las concesiones. Mientras éstas van abriéndose paso en su sensibilidad estética, continúan dueños de ella los conceptos y las creaciones artísticas de un pasado considerado por ellos terreno firme. Pero antes de procurar la reconquista de este público lector, por medio de ajustes o adaptaciones que no impliquen abdicaciones estéticas o sociales, los escritores de nuestro tiempo han aceptado esta separación y han seguido su propio camino que los aparta cada vez más radicalmente de su pueblo. Ninguna consecuencia más desalentadora han tenido las deformaciones del ejercicio literario aquí examinadas que este divorcio entre el libro y el pueblo. Por supuesto que han conspirado a este resultado todas las deficiencias tradicionales de la cultura popular, agravadas particularmente por la crecida proporción de analfabetos; mas pesa sobre los escritores mexicanos la responsabilidad de haber perdido el contacto, la solidaridad, con la escasa población letrada y de no haber obrado movidos por la convicción de que el aumento de esos lectores era una tarea fundamental para México y vital para ellos mismos.

Destruido así uno de los objetivos primordiales de la literatura, ésta se ha deslizado fatalmente hacia el enrarecimiento de sus propios jugos. Si los libros, las revistas, las conferencias no son leídos ni escuchados por el pueblo ni aun por la minoría letrada, lo serán por los mismos compañeros del oficio y la literatura se convertirá en un ejercicio privado, vacío, sin respuesta pública. Literatura burguesa o aristocrática, podría dictaminarse con benevolencia; pero fuera más exacto decir literatura para literatos que difícilmente se convertirá con el paso del tiempo en literatura pública. Y mientras los escritores continúan devanando en su mundo cerrado, hasta agotarlo, el juego de reflejos de su inteligencia o de su imaginación, el pueblo se aparta de unas creaciones inexpresivas para él y busca su alimento literario allí donde cree encontrarlo. Lee acaso una literatura vulgar y primitiva que le sustituye lo que no le dan los escritores pero que, si exalta su imaginación y cristaliza su sensibilidad, no se las educa. Existe, sin embargo, otro camino para que el libro llegue al pueblo, además de éste que le habla en necio, según decía Lope. Recordemos cómo, tarde o temprano, han sido adoptadas por el pueblo algunas obras de indisputable calidad literaria y de auténtica condición nacional. *Astucia*, quizá la más hermosa novela mexicana del xix, aún se vende en los mercados rurales; colecciones poéticas de Acuña, Gutiérrez Nájera, Nervo, Díaz Mirón y López Velarde pueden encontrarse en manos humildes, y aun algunas obras de escritores contemporáneos han alcanzado con mayor o menor amplitud este acatamiento popular. Mas a pesar de que, en ocasiones, semejantes conquistas se apoyen más en los halagos de un sentimentalismo quejumbroso que en las solas virtudes literarias, éstas, de una u otra manera, van creando su propio reino en las mentes sencillas. Y aunque no puede esperarse que toda la producción alcance esta accesibilidad pública, existe un sector de nuestra literatura que puede y debe llegar al pueblo y convertirse en mitos, imágenes y expresiones populares. Al igual que las demás funciones del espíritu, las letras operan también sobre distintos dominios, pero si llegan a convertirse casi en su totalidad, como ocurre actualmente en México, en una actividad vuelta sobre sí misma, han perdido su razón de ser y no pueden abrigar siquiera la esperanza de que el futuro descubra en ellas una vitalidad de que carecen desde su origen. En la raíz de esta incapacidad de nuestra literatura contemporánea para llegar al pueblo se encuentran todas las deficiencias y corrupciones aquí esbozadas, pero, además, un conflicto pocas veces resuelto entre técnica y espíritu . El equilibrio que requiere toda obra madura y poderosa entre el impulso interno y el instrumento expresivo se ha visto trastornado frecuentemente por la invasión desproporcionada o la deformación de algunos de los factores. Quienes ponen su atención en los problemas formales consideran que, habiendo obtenido una maestría técnica, pueden desentenderse de la misión social de la literatura y, por el contrario, quienes han nacido bajo el signo de las preocupaciones sociales, juzgan que sería una frivolidad el ocuparse de superar problemas formales. Diríase, pues, que nuestra literatura ideal debiera escribirse con el oficio de éste y las convicciones de aquél; pero mientras no surjan quienes reconcilien estos extremos del dilema, las creaciones literarias seguirán resintiéndose por debilidad en uno u otro sentido.

Una literatura que ha sido víctima de estos extravíos debe optar necesariamente entre seguir en esta ceguera suicida o procurar la reconquista de un público —defraudado y rechazado— y conciliar de nuevo los elementos de la creación literaria. Aquella reconquista y esta reconciliación vendrán naturalmente cuando la actividad literaria se convierta en una actividad profunda y total, con todas las implicaciones y las disciplinas que le son propias, y cuando esta meditación intensa sobre la vida del espíritu tenga su asiento en la tradición y en la realidad que son su circunstancia y su apoyo. Si todas las virtudes estéticas, filosóficas o sociales de una obra son ineficaces y estériles cuando esa obra no ha nacido de esta autenticidad y de esta lealtad, cuando, por el contrario, en ellas ha tenido su origen, sus virtudes llegarán, tarde o temprano, a convertirse en cultura viva.

Caminos en el futuro

Si advertimos que en los últimos años la literatura mexicana ha sufrido un aflojamiento en todos sus órdenes; si percibimos cómo se han ido agotando una a una las fuerzas que la animaban y cómo no han tomado su lugar nuevas fuerzas ni nuevas personalidades, acaso debamos buscar los orígenes de este desplome en conflictos y en males remotos. Los escritores no pueden ser, ciertamente, los únicos responsables. Ellos, hasta cierto punto, vienen a ser resonadores de la vida y de los sueños de su tiempo y, si no parecen tener nada que decir y si continúan haciendo literatura como un ejercicio vano, tedioso y fatal, quizá sea porque su tiempo los ha penetrado de su confusión desolada.

Una literatura se levanta o se hunde junto con la vida y la cultura del pueblo en que surge; es una de las expresiones de la carga vital de una sociedad; nace como una flor imprevista sólo para los que no saben reconocer las sales y los jugos, el aire y la lluvia que han hecho posible la germinación de la semilla. Pero cuando no existe ninguno de estos elementos externos, la semilla se pudre. Es posible que el letargo de nuestra literatura contemporánea sea consecuencia natural de una sociedad vacía de mensajes, angustiada y confundida. Mas suponer que las letras no tienen sino esta función pasiva, es confiar muy poco en su virtud o en la autoridad moral de los escritores. Éstos son tan responsables de la situación actual como cualquier otro hombre, y, además, en la medida en que sus obras la han promovido y en la medida en que no han empleado las armas de que disponen para conjurarla.

No ha sido esta deserción, sin embargo, privativa de nuestros escritores. Recuérdese a este propósito cómo, durante la pasada guerra, y aun en los años que la precedieron, intelectuales de diversos países alzaron la voz para recordar al escritor las responsabilidades que le incumbían y que parecía haber olvidado. Y ya en el presente 1948, menos confiadas en la eficacia de su llamado y cada vez más escépticas, esas voces y otras nuevas siguen denunciando la general deserción de los escritores de la misión social que les está destinada. Y para completar los malos augurios, no faltan tampoco los balances y los exámenes de conciencia pesimistas. Junto a admoniciones como las de Jean-Paul Sartre *(¿Qué es la literatura?)* y Roger Caillois *(Babel. Orgullo, confusión y ruina de la literatura)*, pueden encontrarse escritos como el de Raymond Dumay *(Muerte de la literatura)* que atestiguan hasta qué punto la literatura francesa, al igual que las de la mayoría de los países europeos, ha ingresado en una crisis cuya salida no se vislumbra.

Mas aunque pueden encontrarse paralelismos a la situación actual de la literatura mexicana, creo que el letargo que padece responde en parte a problemas particulares. Animadas tradicionalmente por su adhesión a un credo o a una causa política, las letras mexicanas parecen inútiles en la neutra calma de nuestros días, tan cargada de negros vaticinios. Volverán a reanimarse y proseguirán su tarea, apenas iniciada, de expresar la conciencia y la imaginación de México, cuando el pueblo de que proceden tenga de nuevo una esperanza y una empresa común que realizar o cuando los escritores sepan proponer al pueblo unas esperanzas y unas empresas dignas de conquistarse. Porque en los días de desaliento y en los de entusiasmo, los escritores siguen siendo portavoces del espíritu y sólo acertarán a cumplir su misión si toman conciencia de las responsabilidades, del sentido y del destino de la expresión literaria y si se imponen a sí mismos un ejercicio más disciplinado y orgánico.

Las grandes obras literarias, que pueden llegar a ser para un pueblo bienes superiores, aparecen cuando se ha conjugado una larga serie de factores. Muchos de ellos están fuera de nuestro control y no podemos crearlos sino al cabo de una larga paciencia y cuando han participado en su realización todas las fuerzas de una nación; pero otros nos pertenecen y se encuentran dentro de nosotros mismos: los conquistamos cuando, sin perder de vista las exigencias de los otros reinos del espíritu, entregamos lealmente nuestras fuerzas al servicio de lo que llamamos cultura y arte; cuando creamos una literatura que, al defendernos a nosotros mismos, defiende a la patria.

Mayo-julio de 1948

BREVE CRÓNICA DE UNA ESCARAMUZA LITERARIA

El ensayo anterior, *Situación de la literatura mexicana contemporánea*, provocó una movida, y para mí inesperada, escaramuza literaria. Lo pensé y lo escribí concentrada y reposadamente durante tres meses, y, antes de publicarlo, lo sometí al juicio desigual de algunos amigos sabios. Por aquellos días, mediados de 1948, la revista *México en el Arte,* órgano del inba, quería con cierta insistencia una colaboración mía. No sin reticencias de mi parte, les envié el ensayo que había concluido. Lo leyó en pleno el Consejo Técnico del inba, formado por sus principales funcionarios, y, según supe, causó una tormenta su lectura, hasta el grado de que alguien amenazó con renunciar a su puesto si mis páginas se publicaban en la revista. Se me devolvieron cortésmente.

No paró allí aquella tormenta inicial, pues en lugar de mi ensayo se ordenó a Rafael Solana, coordinador de la revista, que preparara rápidamente una refutación. Cumplió Solana y en el número 4 de *México en el Arte* (octubre de 1948) apareció un artículo poco feliz, "Diez años en las letras en México", que acaso por la prisa con que debió escribirse fue, antes que un brioso mentís, una corroboración de mis pesimistas opiniones.

Desembarazado de aquel compromiso, ofrecí mi ensayo a don Jesús Silva-Herzog para *Cuadernos Americanos*, no sin informarle de lo que había ocurrido. Él lo aceptó generosamente y el trabajo apareció en su revista a principios de noviembre, en el número 6, de 1948. Entonces se inició abiertamente la escaramuza.

El semanario *Tiempo* (17 de diciembre) de Martín Luis Guzmán, rompiendo sus costumbres, dedicó una página a publicar un extracto del ensayo. Casi al mismo tiempo, el suplemento cultural del diario *El Nacional* lo reprodujo íntegro en tres domingos subsecuentes (12, 19 y 26 de diciembre), y su director, Guillermo Ibarra, dirigió una carta circular a diversos escritores resumiendo en once las afirmaciones principales del ensayo y abriendo, respecto a ellas, una encuesta pública en ese suplemento. Del 19 de diciembre al 6 de marzo de 1949 aparecieron diez opiniones de otros tantos escritores. Casi unánimemente salí condenado.

Ermilo Abreu Gómez abrió el fuego lleno de cordialidad, como para endulzarme lo que me esperaba: tras una glosa imparcial de algunos pasajes, elogió la prosa del ensayo afirmando que era "una de las prosas más bellas que se han producido en México". Francisco González Guerrero, a continuación, se refirió a menopausias prematuras y a exageraciones, y dijo que yo cambiaría de opinión cuando leyera un poco más. Octavio N. Bustamante formuló cordiales reconvenciones y Carlos González Peña abstractas opiniones literarias. Margarita Michelena afirmó que era un error mío el partir de 1940 en lugar de 1920, fecha de aparición de los Contemporáneos", quienes habían iniciado la verdadera decadencia de nuestra literatura. Para ella, las grandes figuras actuales son femeninas y aceptaba que en algunos puntos decía verdad. José Mancisidor me concedió razón a medias. Francisco Rojas González, más exasperado que ninguno, me llamó falso, equivocado, mentiroso, injusto, calumniador, inmodesto y deturpador. Magdalena Mondragón prefirió seguir escribiendo y, finalmente, Raúl González García y Carlos González Salas disolvieron la encuesta de *El Nacional* con imprecisas divagaciones.

Dos amigos, uno de España, otro de Francia, me confortaron con cartas privadas. Luis Santullano, el desaparecido escritor español, me dijo en una larga y emocionante carta (del 27 de noviembre de 1948): "Hermoso, adoctrinador, sereno y también contundente su artículo... que he leído con verdadero recreo y he de releer. Me ha hecho usted volver, gustosamente, a los tiempos felices de mi mocedad, cuando el querido maestro Leopoldo Alas daba sus 'clarinazos' desde *Los Lunes del Imparcial* y otras hojas diarias o mensuales". Y mas adelante, tras de citar algunos pasajes que le parecían afortunados, concluía: "Esto se llama, amigo José Luis, escribir bien, ciñendo la palabra a la idea, con precisión, sobriedad y hasta sabor clásico". Por otra parte, Jean Sirol, agregado cultural de la embajada de Francia, en carta del 29 de enero de 1949, me decía: "Dans cette petite polémique je tiens à vous dire toute de suite, combien je suis de tout coeur avec vous. Les critiques dont vous êtes l'objet vous grandissent et vous honorent à un point que votre jeune âge ne vous permet peut-être pas d'aprécier entièrement."

Pero en los diarios y revistas continuaban publicándose contrarias opiniones. En dos artículos titulados "En torno a la literatura mexicana" (*Excélsior*, 13 y 15 de diciembre de 1948), José Rubén

Romero, el novelista muerto en 1952, después de divagar a su gusto, con su peculiar desenfadado estilo, decía: "Se me pide una opinión sobre el trabajo de José Luis Martínez, ese joven crítico de cien años de madurez..." "Mi pereza característica no me dejará contestar las cartas a que aludo; pero, perezoso y todo, leí el estudio de Martínez que tanto revuelo ha causado entre los profesionales de las letras, y no hallo por qué se sientan ofendidos de que el balance acuse pérdidas para la literatura mexicana. Seamos sinceros y confesemos que José Luis Martínez, con cierta deleitosa amargura, dice la verdad."

Todo lo contrario opinaban muchos otros. Díaz Ruanova, en un artículo que me pareció realmente divertido, "Responso por las letras mexicanas" (*Revista de América,* 1º de enero de 1949), me llamó "sensible y erudito" y precisó que yo iba al Club de Banqueros y usaba pañuelos de lino. Dijo también que yo pertenecía a la Escuela de París y que no conocía a mi pueblo, además de muchas otras afirmaciones pintorescas.

Con ánimo vengativo más persistente que ningún otro, el periodista Antonio Rodríguez, en una serie de cuatro artículos publicados en la revista *Hoy* (8 y 22 de enero, 5 y 12 de marzo de 1949), decidió pulverizarme, como ya lo indicaba el título de su primer artículo: "Ni la letra está muerta ni el espíritu dormido. Respuesta a un crítico escéptico que sólo ve inercia, corrupción e incapacidad en las letras y en el pueblo de México". De esa maraña iracunda lo esencial parece ser esto: "J. L. M. —dice Rodríguez— no sólo niega a los literatos, sino también al pueblo de su tierra". Luego, contrapone minuciosamente mis afirmaciones contenidas en un panorama de las letras contemporáneas, aparecido en el volumen *México y la cultura,* con las del ensayo aludido, para mostrar su contradicción flagrante. Afirma, en resumen, que mis ideas son falsas y que sólo tengo una cultura libresca y superficial. Luego, el mismo Rodríguez promovió encuestas entre poetas, novelistas y dramaturgos para comprobar con exceso mi equivocación. Sobre la poesía opinaron Efraín Huerta, Margarita Michelena y Alí Chumacero. Efraín dijo que "se produce mucho y bueno"; Margarita afirmó que la poesía "está alcanzando planos de singular importancia", y Alí prefirió exponer una meditada cátedra de historicismo lírico sin referirse al debate. A propósito de la novela, José Revueltas habló de un proceso en gestación; Francisco Rojas González hizo un balance optimista para concluir afirmando que "la literatura mexicana ha recobrado su propia voz", y Luis Spota opinó que "la literatura mexicana es viva" y que "nunca estuvimos más cerca de hacer una gran literatura". Acerca del teatro, los dramaturgos interrogados prefirieron discutir entre sí, y aludieron a problemas generales del teatro en México. Rodolfo Usigli formuló un balance pesimista; Xavier Villaurrutia se inclinó por un discreto optimismo, y Salvador Novo aludió a los esfuerzos que por entonces realizaba en el inba y refuté lo dicho por Usigli.

En marzo, Francisco M. Zendejas recogió tentativamente el saldo de la disputa ("El caos del principio", *Mañana*, 12 de marzo de 1949) afirmando: J. L. M. y sus impugnadores tienen ambos razón. J. L. M. no fue comprendido, pero los hechos que menciona son ciertos: hay montones de autores y montones de libros "pero no hay poesía" y "nos sigue faltando la novela".

Quedan otras alusiones, soslayadas y más bien marginales, en la revista *América*, de Efrén Hernández y Marco Antonio Millán, adversas, por supuesto. Finalmente, ya todo serenado, el *Book Review,* del *New York Times* (23 de octubre de 1949), hizo un breve sumario de mi ensayo con algunos comentarios generalizadores del problema.

Hubiese preferido no contestar a tan variados impugnadores, pues consideraba que lo que tenía que decir lo había dicho ya en el ensayo en cuestión. Pero invitado por don Jesús Silva-Herzog para ser uno de los oradores de la tradicional cena anual de *Cuadernos Americanos* (en enero de 1949), no podía desentenderme de la cuestión pública en que era parte y, tras de ser presentado por la aguda ironía de don Daniel Cosío Villegas, que fungía como "maestro de ceremonias", dije en aquella ocasión lo siguiente con que concluyo esta crónica:

"Muchas veces me he preguntado, señores y amigos míos, cómo podría responder, con discreción siquiera, a la bondadosa distinción de que me hizo objeto don Jesús Silva-Herzog invitándome a participar en la convivialidad con que celebramos hoy el principio del octavo año de vida de *Cuadernos Americanos*. Todo nuestro continente ha sido testigo de la admirable empresa que, desde su fundación en 1942, ha realizado esta revista —sin una sola caída, sin una sola interrupción y siempre en constante ascenso—, encauzando y difundiendo el pensamiento y los sueños de un equipo de hombres de letras y de ciencias, disperso quizá, pero unido por su común vocación hacia la libertad y la justicia. Todos los que hemos asistido a las memorables reuniones con que se conmemoran los aniversarios de *Cuadernos* —aniversarios de cuya continuidad, para nuestro bien, podemos estar seguros—, recordamos el acierto de los realizadores de esta publicación para ofrecernos, en cabal hospitalidad, después de los alimentos terrestres, otros alimentos, terrestres también aunque inmateriales, pero tan estimulantes y tan luminosos, que antes de sentirnos atemorizados o resignados por su llegada, los hemos esperado siempre como el complemento justo de una fiesta perfecta.

"Alentado por la esperanza, que veo aún muy remota, de que mi intervención en esta noche no haga perder a los huéspedes de *Cuadernos Americanos* su entusiasmo por estas reuniones, me di a repasar una serie de temas sobre cuya gravedad e importancia para el perplejo mundo de nuestros días sería conveniente reflexionar ante tan docto auditorio. Pronto me fue preciso reconocer, sin embargo, que no podía improvisarme en pensador de los grandes problemas universales como para ser escuchado con algún provecho y que, con ser insensatez, me era imposible no caer en lo que ha sido mi pequeño dominio intelectual, para mostrarme ante ustedes con un hábito que no me pertenece.

"Debí aceptar, luego de estas consideraciones, el hecho de que sólo podía discurrir acerca de aquella disciplina a cuyo estudio me he entregado desde hace años. Pero si debería hablar sobre literatura mexicana, ¿sería justo ocuparme en esta ocasión de cualquier asunto, más placentero para mi propia índole, que no fuese aquel que yo mismo he planteado desde la tribuna de *Cuadernos Americanos* y que la benevolencia de algunos y la inconformidad de otros han convertido casi en una cuestión pública?

"Ni en literatura ni en ningún otro orden de actividad humana, todos lo sabemos desde antes del existencialismo, cuentan los buenos propósitos. Sería consiguientemente inútil protestar ante ustedes que, como podrán reconocerlo los lectores libres de prejuicios, al escribir aquellas páginas no tuve en ningún momento la intención de lastimar o despreciar personalidades literarias, y que no me animaba, tampoco, un simple afán de escándalo publicitario. Me preocupaba, en cambio, dar expresión a un cúmulo de observaciones que habían ido surgiendo de mis lecturas y de mi trato con los escritores mexicanos; quería, en suma, formular un balance o examen de conciencia que, incluyéndome a mí mismo, manifestara lealmente conclusiones que pudieran servir, si no de estímulo, al menos como un testimonio.

"La curiosidad me ha llevado a frecuentar literaturas extranjeras y el gusto y la obligación me han hecho conocer una porción considerable de la nuestra. Ahora bien, de la confrontación de nuestra actividad literaria contemporánea con su propio pasado y con la producción paralela de algunos otros países, llegué a deducir que la vida de nuestra literatura, en los últimos años, experimentaba un descenso considerable en relación con el proceso que la había precedido. Parecían extraviadas o torcidas muchas de sus fuerzas tradicionales y parecía, sobre todo, que se había impuesto en nuestro medio un tipo de ejercicio literario del cual, sólo por azar, podrían surgir obras relevantes. Ello me llevó a analizar, por una parte, las causas de aquel letargo, y a teorizar, por otra, sobre una serie de postulados morales, sociales y técnicos en los que, según mi pensamiento, debería descansar una literatura rica y vigorosa que contribuyera activamente a la integración de nuestra cultura nacional.

"Existen, pues, en mi artículo dos puntos críticos: unas conclusiones escépticas sobre la calidad de nuestra literatura contemporánea y, lo que considero más importante, la exposición de un sistema doctrinario. Si he tenido el honor de que algunos distinguidos hombres de letras hayan manifestado su aprobación respecto a ciertos aspectos de la doctrina que he esbozado, no me ha faltado la triste fortuna de concitar la animadversión de otros, distinguidos y distinguibles, que me consideran poco menos que criminal por el hecho de mostrarme insatisfecho con la literatura y con la vida literaria actuales. Acerca de estos últimos, y pasando por alto las innecesarias y siempre divertidas alusiones que han dirigido a mi persona, quisiera precisar algunos conceptos.

"Mi insatisfacción, respecto a la literatura mexicana contemporánea parte radicalmente de un interés profundo y constante por ella y de la creencia de que somos capaces de mejorarla, manteniendo al menos la altura y la dignidad que ha tenido indudablemente en épocas anteriores. Mi artículo no ha surgido, por ello, de una complacencia frente a la situación de nuestras letras; ha sido más bien una descripción en la que el afán de rigor y objetividad me ha impuesto el escepticismo. ¿O acaso mis impugnadores, satisfechos con lo que hacemos actualmente, consideran imposible —como se decía, no hace mucho, al frente de una revista de miscelánea literaria— alcanzar un grado más en nuestra producción, en nuestra educación y en nuestra vida literarias? Han creído echar por tierra mis juicios recordándome que en los últimos años han aparecido obras y personalidades de mérito en distintos sectores. Pero resulta que mi principal ejercicio y afición han sido, precisamente, el conocer y comentar esos libros, y mi gusto, el de honrarme con la amistad de sus autores, aunque ni el reconocimiento de las cualidades de aquéllos ni mi simpatía por los dones de éstos hayan logrado transformar mi visión de nuestro panorama literario. Los vi en su tiempo, y me siguen pareciendo hoy excepciones en una generalidad desilusionante, entre la cual, honestamente, me siento incluido y a la cual me atreví a convocar a un esfuerzo que la hiciera rendir mejores frutos. Con el ánimo de evitar las suspicacias que podrían ocasionar salvedades explícitas, me guardé de mencionarlas, contentándome con manifestar, reiteradamente, que me refería a un nivel medio y general en el que se daban por supuestas aquellas piedras blancas. Para algunos, con todo, estos móviles y precauciones han sido inoperantes; he recibido de ellos, en cambio, una lección difícil de olvidar: lo mismo que en política, en literatura es necesario guardar las convenciones del juego de engaños establecido; puede hablarse cuanto se quiera de ideales, pero las reglas prohíben volver atrás las páginas del libro de nuestros haberes para comprobar la verdad de nuestro camino, así nos conduzca al desastre.

"Por lo que se refiere al repertorio de consideraciones doctrinarias que formulaba, confío en que, cuando haya cesado el alboroto de las invectivas, sea posible examinarlas con reposo y preguntarse —olvidándose cuanto sea necesario de quien las escribió— sobre la conveniencia y la posibilidad de aplicarlas a nuestro ejercicio literario. Procuré perfilar en ellas, sirviéndome más que de mi corta experiencia de las lecciones que he aprendido en la vida y en los libros de los que más saben, lo que podría denominarse la ética intelectual del escritor mexicano. Pero, infortunadamente, la mayoría de los comentaristas de mi artículo han preferido detenerse en los puntos susceptibles de escándalo que en aquellos otros que procuran explorar el camino que puede llevarnos a contribuir con hechos al fortalecimiento de la cultura de México.

"Uno de nuestros más elegantes prosistas tuvo la bondad de decirme, a raíz de la lectura de mi artículo, estas palabras cuya verdad hoy compruebo: 'Su ensayo —me dijo— está escrito con esa severidad que sólo puede tenerse a sus años. Más tarde, el tiempo le enseñara que es necesario perdonar y tolerar muchas cosas contra las que hoy se rebela'. Confío, por ello, en que si Dios y mis iracundos enemigos de hoy me permiten llegar a viejo, sabré perdonarme el haber escrito las páginas que llamé *Situación de la literatura mexicana contemporánea*; pero acaso ni aun con la tolerancia de la vejez alcance a disculparme por haber aprovechado esta comida para agobiar la atención de ustedes con este postre de puntualizaciones. Me consuela un poco, sin embargo, de este abuso de confianza, el pensar en que *Cuadernos Americanos*, al dar hospitalidad en sus páginas a mis reflexiones —ya señaladas por otros como peligrosas— y al reiterármela esta noche ante ustedes, confirma, aun en lo pequeño, su independencia intelectual y su noble misión de servir de tribuna al pensamiento del Nuevo Mundo. Porque aquella independencia y esta misión continúe haciéndolas realidad *Cuadernos Americanos,* en una vida tan larga como la que augura la firmeza de los años en que la hemos visto crecer, formulo mis más cálidos votos."

Marzo de 1955

LOS PROBLEMAS DE NUESTRA CULTURA LITERARIA

Así como todo organismo vivo, sea un individuo o un conjunto de individuos, requiere, además del afán diario, una periódica revisión del curso general que lo orienta, así también la actividad literaria exige, de tiempo en tiempo, un alto en el camino para revisar y afinar los rumbos que seguimos, muchas veces incierta o inconscientemente. La tarea cotidiana, la lucha con el problema concreto, suelen ocultarnos los riesgos en que nos vamos aventurando y las confusiones y desproporciones a que cada día nos deslizamos. La conquista o la derrota que ganan nuestras empresas particulares nos llevan también a aceptar concepciones y juicios, sobre el sentido y la significación total de nuestra cultura, sólo válidas para la perspectiva inmediata. Y, lo que es aún mas grave, profesamos cada día unas convicciones respecto a una solidaridad y una justicia social pero no acertamos a ordenar nuestros quehaceres intelectuales y espirituales en vista de esas convicciones nuestras. La necesidad obvia de estos ajustes periódicos de orientación general y de estas rectificaciones de perspectiva, mueven estas notas.

Toda literatura, y la nuestra desde luego, tiene dos órdenes generales de problemas. Los primeros, y acaso los fundamentales, son los de orden interno: problemas de calidad y perfección, problemas de estilo, de técnicas, de temas, etc. Y si es verdad que no son ajenas estas cuestiones internas del oficio literario a ciertos estímulos y móviles externos, si las obras no permanecen del todo extrañas a los influjos de corrientes ideológicas y de gusto, es preciso aceptar, al fin, que las elecciones se deciden en el secreto juego de la intimidad de cada escritor y que, por lo mismo, muy débil es la intervención que en ese campo pueden tener las interpelaciones extrañas.

La segunda especie de problemas es de orden más bien externo y en ellos incluyo todos los que se refieren a la relación y ajuste del escritor con la realidad, con la sociedad y el mundo a que pertenece y a que se destinan sus creaciones. "Realidad" o circunstancia, sociedad y mundo implican aquí conceptos literarios y estéticos, conceptos sociales y políticos, conceptos morales y religiosos, en la medida en que relacionen en algún orden al escritor y a sus creaciones con aquella realidad o con aquel mundo, e implican también otro orden de relaciones de tipo práctico, consecuencia, por lo general, de aquellos conceptos.

Un plausible respeto hacia la problemática misma de la creación espiritual que es la literatura, lleva a menudo al escritor a desentenderse de la otra problemática externa. Unas veces, porque la intensa especialización que ha impuesto a su espíritu no le consiente ya la dualidad con las cuestiones de tipo práctico y aun de orientación general, y otras, porque simplemente no concede importancia a los problemas externos de su disciplina, y piensa, no sin alguna razón, que la responsabilidad que a sí mismo se ha impuesto termina con la conclusión de una obra tan perfecta e intensa cuanto le ha sido posible. Sería ciertamente deseable y justo que la tarea terminase allí para el escritor y que, a la puerta del cuarto de estudio en que el poeta acaba de vencer en su sorda lucha con el ángel, lo esperase el editor que divulgara racionalmente a los cuatro vientos aquella flor del espíritu , y que ésta llegase oportunamente a entregar su revelación al lector indicado, y que, además, aquella obra se ordenase sin violencias en una tradición cultural y en la empresa y en la tarea justas de aquel momento histórico. Deseable pero improbable. Hay, afortunadamente, algo como una circulación invisible que en cada tiempo y en cada coyuntura histórica va ordenando y rigiendo las tareas individuales, y pocas veces falta una estrella guiadora que nos impulsa a seguir su rastro. Pero no es raro tampoco que hayamos interrumpido aquella circulación que nos solidariza con la empresa común de nuestro tiempo y que nos hayamos cegado a la luz que enseña el rumbo de nuestro destino. Llega entonces el momento de asegurarnos contra el posible extravío y, desentendiéndonos de la tarea y de los problemas inmediatos, intentar reanudar aquella corriente, vislumbrar la guía y rectificar o afirmar el curso de nuestros pasos.

I

Insularidad

Circunstancias y hechos diversos, que no hemos sabido o no hemos podido conjurar, han llevado a nuestra literatura a una situación de insularidad, de aislamiento en el concierto universal de la cultura, incompatible con el desarrollo y la madurez que ambicionamos. En primer lugar, debe mencionarse una circunstancia puramente externa a las letras, y de orden político y económico, que ha contribuido a crear esta situación. Recibe el nombre de "barreras aduanales", las que si bien están encaminadas a proteger aspectos fundamentales de nuestra economía, redundan en perjuicio de nuestra cultura. Salvo contadas excepciones, no podemos vender, sin riesgo de pérdida, nuestros libros a los países extranjeros —que necesitan divisas disponibles de dólares para poder pagarnos—, y sólo podemos comprar libros extranjeros si dejamos salir nuestros pocos dólares y pagamos altos impuestos y comisiones a los distribuidores y libreros. Con esto protegemos indudablemente nuestra propia industria editorial y de paso nuestra economía general. Pero el hecho es que, además de recibir el daño de estas coacciones externas, por propia iniciativa, cerramos aún más nuestro mundo con un violento afán nacionalista, con un ciego orgullo que nos lleva a proclamar, en todos los tonos y en todos los órdenes, la supremacía de lo nuestro, y aun nos induce a desestimar cualquier juicio externo que contradiga nuestra exaltada patriotería.

Hemos llegado así a la organización de un pequeño universo privado que, para nuestra república de las letras y las artes, cuenta con sus propios mitos, con su propia tabla de valores y de rangos, a los que no dudamos, incluso, en darles un alcance universal. Hemos renunciado, pues, fatal y voluntariamente, a una circulación universal, con sus riesgos y sus consecuencias, porque sentimos que es mas cómodo ser nosotros nuestros propios jueces y porque nos bastamos a nosotros mismos. Pero ocurre, un día u otro, que de fuera nos llegan voces tan disonantes como autorizadas, que descubren nuestro error y echan por tierra nuestros queridos mitos. Y ocurre también que los valores que hemos declarado universales sólo lo son para nuestro cerrado universo, pues todos, fuera de nosotros, los ignoran.

Padece ciertamente nuestro orgullo siempre que incursionamos fuera de nuestra corte; de ahí que me parezca tarea imprescindible e inmediata la de procurar tanto esa confrontación de nuestras obras con las de la comunidad universal a la que pertenecemos, como en general el restablecimiento de una doble corriente, hacia fuera y hacia dentro, de nuestra cultura.

No es ésta la ocasión para analizar con detenimiento y profundidad la cuestión relativa a si es un hecho o no que nuestra cultura, y en especial la literatura, haya alcanzado ya una autonomía, una plenitud y una madurez. La impresión de muchos, que comparto, es de que estarnos justamente en el umbral de esa madurez, y con ello basta para el presente objeto. Pues bien: si esa madurez o principio de madurez existe, una de las principales pruebas que su verificación nos exige es la de someter nuestras creaciones a una circulación universal, tan amplia y generosa como sea posible. Necesitamos esforzarnos por que nuestras obras se prueben en el juicio del mundo, y no sólo en el nuestro, complaciente y prevenido; y correlativamente, es preciso que perdamos de una vez por todas el miedo a disolvernos —a disolver nuestra nacionalidad cultural— si aceptamos una robusta circulación universal en nuestros intereses intelectuales y en nuestras propias conciencias, que al fin su madurez misma los llevará a asimilar los jugos que les sean provechosos y puedan fecundarlos, y a expulsar los que fueren dañinos para su peculiar economía interna.

No es extraño a la furia nacionalista que padecemos el afán desmedido, que periódicamente nos ha aquejado, de extranjerizarnos. El curso de nuestra historia cultural independiente es un flujo y reflujo entre el impulso nacionalista y el extranjerizante o cosmopolita. Y el reciente impacto de la Revolución fue precisamente, en este aspecto, una profunda afirmación nacional en contra de lo que nos era ajeno y postizo. Nada más saludable que este volver siempre a nuestras propias fuentes y afirmarnos en nuestras propias raíces, a condición de que no perdamos, por ello, el sentido de la realidad que nos trasciende y a condición también de que no nos arrastre a los extremos perniciosos de un aislacionismo. Justamente, uno de los más seguros signos de nuestra madurez será el perder de una vez por todas el miedo o la insensata devoción por lo extranjero. La salud y la fortaleza de nuestra cultura vendrá tanto de la profundidad de nuestras raíces como de la altura y de la amplitud de las frondas, abiertas para todos los aires del mundo.

II

Subordinación

Señalaba, en las páginas anteriores, un error de perspectiva o de "encuadramiento" que nos llevaba a limitar, en nuestro agudo nacionalismo, la proyección de nuestras actividades culturales. Era aquél un problema de desajuste, dentro de una perspectiva externa o universal. Ahora quiero referirme a otro desajuste, acaso mucho más grave, cuyo campo son las relaciones internas, nacionales, de nuestra cultura, en relación con las demás tareas que como hombres, además de como escritores, nos incumben.

(Y antes de entrar en materia, una aclaración con la que considero necesario adelantarme a los malentendidos. Lo que en seguida digo no lo refiero exclusivamente a "los demás" o a este o aquel grupo o persona. Lo digo y lo refiero inicialmente a mí mismo, como parte de un grupo. Me considero, pues, tan culpable y tan equivocado, si ésa es la verdad, como los demás. Y me satisface reconocer que, para ventura nuestra, hay muchos que se han adelantado a reconocer los hechos que yo, quizá tardíamente —y desde aquel llevado y traído ensayo que se llamó *Situación de la literatura mexicana contemporánea*—,[1] vine a reconocer.)

En el escritor, en el intelectual, en el artista, y en general en todo aquel que ha desarrollado una intensa especialización, es común el error de perspectiva que consiste en desmesurar la importancia y el rango de su tarea intelectual o artística. Parece del todo natural que el hombre cuyo oficio tiene por sustento y por instrumento el espíritu tienda —con un impulso típico del romanticismo— a considerar como fundamentales, decisivas y primordiales sus particulares actividades, no dentro de la propia y privada distribución de sus intereses, sino dentro del repertorio de actividades de una nación. De acuerdo con este criterio, y en el caso de que muchos de nuestros intelectuales y artistas llegasen a ver cumplidos sus sueños, México habría de consagrar su principal esfuerzo a impulsar la literatura o el teatro o la pintura o la danza o la investigación científica, y una de las más importantes misiones del Estado debería ser la de proteger y auspiciar a los hombres privilegiados que son depositarios de las altas misiones del espíritu. Es innecesario mencionar los nombres que pudieran ilustrar esta observación. Cada uno recuerda el ejemplo más adecuado. Confieso que pocas satisfacciones pueden ser más gratas y consoladoras para el intelectual y el artista que esta arraigada convicción de que él es el ignorado depositario del mensaje de los dioses y de que él —a pesar de pobre e incomprendido— es el hombre que está luchando por integrar la armadura clave del espíritu de un pueblo, y que su tarea, consiguientemente, es la fundamental. Es duro desarraigarse de esta dulce convicción. Pero temo que, si efectivamente queremos realizar un arte y unas obras intelectuales que engrandezcan a nuestro país y a nuestro pueblo, y que sean útiles para su cabal y total desarrollo, nos será preciso adoptar un criterio más real y mas humilde. Recordemos, en principio, unos hechos que, no por ser bien conocidos y no por ser empleados tan a menudo con propósitos de toda índole, que van desde la simple demagogia hasta el limpio ímpetu justiciero, han perdido su patética condenación. Estos hechos son las grandes, las monstruosas desproporciones que existen en México. Y si es verdad que ellas alcanzan su tensión más violenta en los órdenes materiales —lo que se designa como "nivel de vida"—, no dejan de ser acusadores aun en los campos de las "superestructuras" culturales. ¿Cómo sentirnos y llamarnos un país civilizado y cómo disculpar y tolerar que en un país revolucionario, progresista, liberal y demócrata coexistan un lacandón junto a nuestros humanistas y hombres de ciencia que son nuestro orgullo, cómo una Ciudad Universitaria junto a la miseria o a la ausencia de una escuela en el Valle del Mezquital, cómo entender dentro de un mismo pueblo las poesías de cualquiera de nuestros poetas junto a las nociones culturales de un tarahumara, y cómo descubrir la continuidad entre una función de ópera en el Palacio de las Bellas Artes y las diversiones de una comunidad chiclera del sureste? ¿Cual es, entonces, el sentido de nuestras actividades frente a estos hechos? ¿Qué hacer, frente a estas patéticas desproporciones, y si honradamente queremos que nuestra actividad cultural no sea —como lo ha sido y es en una gran parte— especulación y juego estériles y privilegio de unas metropolitanas minorías, y si en verdad queremos que contribuya auténticamente a integrar material y espiritualmente una nación, nuestra nación?

México es, como todos sabemos, un conglomerado de pueblos y de estratos sociales profundamente diferenciados. Para nuestro objeto, nos basta con una distinción primaria: México es una minoría que ha alcanzado formas superiores de vida y de cultura —tan altas, complejas y perfectas como las de cualquier gran metrópoli del mundo—, y una mayoría en la que es posible encontrar desde las formas más dramáticas de primitivismo —y aun de salvajismo— hasta una clase media urbana que comienza a forjar espontáneamente sus propias expresiones culturales.

Ahora bien, una cultura, intelectual y artística, para que en verdad pueda merecer este nombre, tiene que expresar al pueblo de donde surge, pero, a la vez, tiene que ser expresiva para ese pueblo, es decir, tiene que llegar a ese pueblo. No basta, pues —como se hacía en la época del arte y la cultura "al servicio del proletariado"—, pintar cuadros de temas proletarios o escribir novelas o cantos a la Revolución o a lo indio, o meditar en los problemas filosóficos, históricos o científicos de nuestro pueblo. Para que ésa sea, realmente, la cultura de México, es preciso que ese arte y esas especulaciones intelectuales puedan ser disfrutados y asimilados, así sea potencial o indirectamente, por el pueblo que es México. De otra manera, sólo será la cultura artificial de una minoría: será una cultura extraña a México.

¿Quiere esto significar que la conclusión obvia es que paremos de escribir literatura, de enseñar en la Universidad y de emprender trabajos intelectuales, hasta en tanto que sea posible lograr esa instrucción fundamental y esa preparación cultural media—y aun más atrás, esos mínimos niveles de vida: alimentación, vestido, habitación, salubridad, que son condiciones previas para la instrucción y educación más elementales— que requiere tan gran sector de nuestro pueblo, para estar en aptitud de alcanzar nuestras creaciones culturales? Me parece que una visión menos extremista y apresurada de los hechos nos induce a actitudes y soluciones más razonables y menos negativas. Porque nuestra común esperanza no es de que se iguale o se extienda la cultura de México por su nivel más bajo, sino, por el contrario, por el más alto posible. Entonces, resulta obvio que una de las condiciones para que pueda realizarse ese ascenso cultural es la existencia de las formas superiores de cultura: ciencias, humanidades, letras, arte y técnicas.

Para fortuna nuestra, estas disciplinas superiores de la inteligencia y del espíritu obran a la vez que como formas superiores y personales del saber, como factores activos para promover la expansión de sus mismos bienes y la redención espiritual de nuestro pueblo. La novela rural, indigenista y de la Revolución, y la pintura de nuestros grandes maestros, por ejemplo, han contribuido a despertar y a mantener la conciencia de una justicia social; las investigaciones históricas, antropológicas, sociológicas y económicas han sido decisivas para crear las bases e impulsarnos en una común tarea civilizadora, y aun las formas más puras y no utilitarias del arte, de las humanidades y de las ciencias operan, indirectamente, como estímulos que han afinado nuestra conciencia para percibir las urgencias de nuestro pueblo. Ésta puede ser, y lo es en efecto, una forma de eficacia y de bien público de nuestra cultura, así sea su acción tan limitada e indirecta. Y nuestra ambición podría ser que, cuando menos, las disciplinas que cultivamos tengan esta mínima congruencia con la realidad de la que somos parte. Y esa congruencia y esa cooperación tan humilde como orgullosa, en la gran tarea civilizadora que a todos nos incumbe, no parece tener otra condición para existir más que ésta: que no perdamos de vista, cualquiera que sea nuestra empresa, *dónde* la estamos realizando y *cuál* es su sentido, su rango, dentro del repertorio total de las tareas nacionales. Reconocer humildemente la función subordinada —marginal, estaba tentado a escribir— de nuestras actividades dentro de una planeación nacional. Ellas pueden ser, y es necesario que sean, las más importantes para el que las realiza; pero no lo son todavía, deplorablemente, para México. Aún no hemos alcanzado el privilegio de que escribir un poema, realizar un concierto o investigar una familia zoológica sean lo primordial. Lo primordial, bien lo sabemos, es convertir en hombres y en ciudadanos civilizados y dignos a todos los mexicanos. Y vamos muy atrasados en esa tarea. Tan atrasados, que aun algunos, exagerando las precedencias de las muchas e ingentes tareas fundamentales que tenemos enfrente, llegan a decir: "Entre construir una escuela para un pueblo o hacerle un camino, es preferible hacerle un camino: éste, tarde o temprano, condicionará la escuela, mientras que ésta no hará el camino ni acabará con el caciquismo ni mejorará el nivel de vida de la población". Cuando por primera vez oímos tal afirmación recibimos un duro golpe a nuestras más caras convicciones culturales y civilizadoras, y eso que la alternativa se plantea con la más primaria forma de cultura. Frente a los duros hechos, tenemos que reconocer su brutal lección. Mas, afortunadamente, la verdad es que podemos y debemos, al mismo tiempo, construir caminos y edificar escuelas, mejorar la agricultura e impulsar la industrialización, defender la justicia social y alfabetizar, y en el grado que nos sea posible, auspiciar la educación superior y promover las altas manifestaciones de cultura, que todo lleva al fin al mejoramiento general de la vida de nuestro pueblo y todas son tareas primordiales, sólo que en el justo rango y medida que los hechos y nuestras posibilidades nacionales nos lo imponen.

Por todo ello, un primer paso para lograr que nuestras actividades culturales no sean un inconsciente y frívolo ejercicio, es aceptar el lugar que tienen en el país a que pertenecemos, que ello nos llevará luego a procurar ajustarlas a esa realidad. Es ciertamente signo de poca sensatez el clamar, y aun el simple esperar, que el Estado se consagre, al fin, y con sus máximas posibilidades, a las obras culturales, y a proteger a los intelectuales y a los artistas. El arte y la cultura son ciertamente nuestro decoro y nuestro testimonio perdurable y profundo, pero no aspiremos a que tengan un rango privilegiado, frente a otras empresas fundamentales, ni a que pierdan la natural subordinación que les toca.

Es operación muy difícil la de deslindar con exactitud cuáles son las actividades culturales que son indispensables para el desarrollo general de México y cuales son las superfluas, las de mero disfrute personal. Existen, desde luego, funciones en cadena, en las que si se interrumpe una se trastorna todo el sistema. Así, por ejemplo, la enseñanza más rudimentaria del maestro rural presupone, en el otro extremo, la meditación del humanista y del filósofo, la creación del escritor literario y las investigaciones del hombre de ciencia, del historiador, del sociólogo y del economista, es decir, implica todas las funciones y las instituciones de cultura superior. Es un hecho, además, que los grandes impulsos nacionales tienen su motor y su conciencia en el pensamiento de los intelectuales y aun de los artistas, los que, directa o indirectamente, mueven el país. Pero junto a ellos es posible distinguir otro sector de la inteligencia y del arte de México en el que no parece existir esta función trascendente, este gradual trasvasamiento de sus dones. Y me atrevo a decir que la literatura y el arte actuales de México, en una porción muy considerable, caen bajo este signo de esterilidad.

Y son justamente estos literatos y estos artistas los que, con mayor insistencia, requieren del Estado que se consagre a hacerles posible un bienestar que su trabajo mismo no les otorga, que la sociedad en que viven les niega, por la clara razón de que sus obras le resultan negativas o inexpresivas.

Cuando hayamos logrado hacer a nuestras tareas necesarias y útiles de verdad para México —es decir, cuando todos los mexicanos nos hayamos convertido previamente en hombres civilizados y dignos—, cuando nuestras obras culturales sean ya eficaces y expresivas para nuestro pueblo, la protección, la retribución o el estímulo del Estado o de cualquier otra fuente vendrán por sus propios pasos, como llegan al agricultor que entrega al pueblo alimento, al obrero que le entrega manufacturas o al técnico que le resuelve problemas vitales. Muchos de nosotros, es triste decirlo, por ahora sólo nos entregamos a nosotros mismos graciosos y sutiles juegos, tan refinados como los de París o Nueva York, y no hemos sido todavía capaces de crear un buen mercado para nuestros privados placeres.

III

Los instrumentos de divulgación popular

No es posible, o no ha sido posible para mis luces, exponer de manera completa y congruente un problema tan grave y tan complejo como el de los deberes sociales, nacionales de la cultura literaria, que procuré plantear en las páginas anteriores, en el breve espacio de un artículo y en el aún más breve de la meditación que le puede ser destinada. Y porque me parece evidente —y muchos abonaran mi preocupación— que mi exposición dejaba algunos cabos sueltos y aun pretexto para conclusiones equívocas, quisiera aclarar ahora esos puntos confusos y abocarme a la consideración de otros problemas, a los que arrastraba necesariamente mi ensayo.

Me parece que el principal problema al que desemboca mi exposición puede ser el siguiente: ¿cómo hacer útiles para México, en sus actuales circunstancias, las formas superiores de la cultura, y en especial las tareas literarias? Pregunta ésta que, a su vez, puede desatarse en las siguientes: ¿por qué nuestra actual cultura superior, y dentro de ella, de manera principal, la cultura literaria, tiene una influencia tan débil—tan remota y tan obligada a los intermediarios— en la vida de México, y qué puede hacerse para que la inteligencia y la sensibilidad de México, representada por sus intelectuales y sus artistas, recobren la influencia, el papel rector que les corresponde?, ¿cuál es la función de la cultura superior en una nación de las características sociales que tiene México en la actualidad?, ¿debe establecerse un claro deslinde entre las funciones específicas de una cultura superior y las de una cultura popular, coexistentes, y entre las funciones puras y libres de la cultura y las educativas?

Intentaré, no establecer una doctrina, sino formular mi parecer acerca de estas espinosas y graves cuestiones.

Es un hecho, en principio, que en nuestro mundo actual, y en el caso especial de México, la cultura superior, y particularmente sus formas literarias, tienen una influencia muy débil en la vida de la nación, y me parece evidente también que esa influencia ha sido más intensa y efectiva en otras épocas. En el siglo xix, por ejemplo, el pensamiento y las creaciones literarias de las grandes personalidades de la época llegaban naturalmente al pueblo —así fuera al corto número de los lectores de periódicos o a los aficionados que adquirían con espontáneo entusiasmo los folletines o los cuadernos en que iban publicándose las obras de los hombres de letras—. Un doctor Mora, un Alamán, un Ramírez, un Altamirano, un Sierra o un Gutiérrez Nájera no perdieron en ningún momento el contacto con su pueblo, que se interesaba realmente por sus opiniones y por sus creaciones. A ello contribuía principalmente la organización que tenía la prensa, único instrumento entonces existente de difusión popular, la cual presentaba, respecto a la de nuestros días, esta diferencia fundamental: estaba escrita, pensada y organizada por los escritores mismos y no por "periodistas" especializados, como la actual. En la contemporánea, los escritores son huéspedes, que procuran asimilar sus funciones a las que se consideran estrictamente periodísticas, mientras que en la del siglo xix los auténticos periodistas —por ejemplo, aquel Manuel Caballero que fue de los primeros que comenzaron a escandalizar a los lectores con reportajes sensacionales— apenas existían y su aparición fue muy tardía y coincidió precisamente con la transformación de nuestro periodismo, ocurrida en las postrimerías del siglo. Claro que no tiene sentido lamentarse porque las cosas sucedieran así: fueron una consecuencia natural de la evolución del periodismo que se convirtió en vehículo principalmente informativo. Pero el hecho que me importa subrayar es que esta transformación de la prensa, al excluir de ella al escritor como tal, fue uno de los factores que determinaron la ruptura en la relación antes existente entre el escritor y la sociedad.

Mas el escritor no sólo fue excluido, y se resignó pasivamente a ello, del vehículo de comunicación con el pueblo que es la prensa, sino que, al crearse otros instrumentos de difusión popular, acaso más poderosos, se resignó también a perderlos. Y la situación actual es la siguiente: prensa, radio, cine televisión son, efectivamente, los medios más eficaces de difusión popular: nuestro pueblo sabe, piensa, quiere, vive y sueña como se lo dicen y se lo imponen, con sus persuasivos, combinados, accesibles y placenteros recursos, los periódicos, las radiodifusiones, los filmes y los programas de televisión. Es innecesario recordar aquí qué se enseña y con qué lenta, terca y siniestra constancia se corrompe en todos los sentidos —el moral, el cívico, el político, el social y el estético— a nuestro pueblo, y lo que es aún más triste, con qué inconsciente beneplácito de ese mismo pueblo. La razón es muy sencilla; tan sencilla como imponente. Esos instrumentos de difusión popular, con honrosas excepciones, son fundamentalmente empresas comerciales y no empresas culturales; su objeto por ello no es la integración de una cultura y el fortalecimiento de una nacionalidad, sino la venta de productos comerciales o de noticias, que son también asunto de comercio. Podrán servirse en ocasiones de los escritos de un hombre de letras o transmitir un concierto o una representación teatral, pero en cuanto sea útil a unos fines implacablemente comerciales. ¿Qué ocurre, por ejemplo, en el cine? La elaboración de filmes requiere el servicio de escritores que preparen los llamados "guiones". Pues bien, para nadie es un hecho desconocido que los escritores que colaboran en el cine tienen que hacerlo precisamente en cuanto renuncien a su condición y a su libertad más auténtica, en cuanto acepten la corrupción y la degradación de sus obras, así se encubra la humillación bajo el pretexto de necesidades técnicas. Es decir, se les acepta como colaboradores en una tarea para la que son indispensables con la condición de que se sometan a las exigencias de una transacción comercial, exigencias por cierto muy diversas a las de la tarea intelectual artística y muy diversas también de las necesidades culturales de una sociedad.

Todos estos factores han llevado al intelectual y al artista a una condición verdaderamente anacrónica y de funciones cada vez mas inoperantes. Sigue comunicándose por medio de manuscritos casi privados en la época del radio y la televisión. Se ha dejado ganar la batalla por los comerciantes, y les ha cedido la conciencia y la sensibilidad del pueblo. ¿Son aquéllos, acaso, los únicos culpables de esta abdicación de funciones? Lo son sólo en mínima parte. Pero no tiene sentido descubrir al culpable, que es ente tan abstracto y ubicuo como la organización de nuestra sociedad actual, en la cual todos tenemos nuestra porción, sino el buscar las soluciones más pertinentes. ¿Cuáles pueden ser éstas?

Decíame un ilustre amigo, al que planteaba estos problemas, que él sólo veía, como única solución, la aparición de un hombre que tuviese las dos alas, la del espíritu y la de la acción. Un hombre que estuviese empapado del sentido fundamental de la cultura, que supiese organizar e impulsar a los mejores espíritu de México y que tuviese, al mismo tiempo, la capacidad de transformar en obras vivas, trascendentes, las que ahora se agotan en estrechos círculos. Un hombre que nos enseñase a hacer periodismo de altura, conciencia y lección impostergables y no empresa comercial; un hombre que tuviese el genio suficiente para mostrar cómo es posible hacer un cine, un radio y una televisión que interesen profundamente al pueblo y que sean educativos en el más amplio sentido de la palabra, es decir, formadores de una conciencia, de un saber, de una sensibilidad, de una nacionalidad. (Con lo cual podría descubrirse, de paso, que las obras útiles y buenas pueden ser también un buen negocio, y que las excitaciones sexuales, brutales y sentimentales, el escándalo, los crímenes, la pornografía, la ramplonería y el morbo por las aventuras pueden tener un lugar marginal en el interés público.) Vasconcelos, en aquel su fulgurante mediodía de 1921, tuvo estas dos alas del espíritu y de la acción. Y cuando aún humeaba la hoguera de la Revolución y cuando la espada y la violencia aún imperaban, tuvo el genio suficiente para afirmar y difundir la fuerza redentora del espíritu. Él fue también, como los tiempos lo mandaban, un caudillo, pero los saldos de su victoria no fueron sangre y desolación, sino pintores, poetas, filósofos, maestros y libros, cuyas creaciones y cuyas enseñanzas serán siempre fecundas.

¿Paran necesariamente estas consideraciones en la conclusión de que no podrá integrarse nuestra cultura mientras sus depositarios no reconquisten estos modernos instrumentos de divulgación y propagación, la prensa, el cine, el radio y la televisión, que hemos dejado en manos de los mercaderes? La creación de una cultura es ciertamente tarea de concentración y de maduración solitaria, pero a la vez, esa cultura no puede surgir sino en ambientes que la condicionen y sólo puede ser verdadera cuando sus bienes se extienden e infunden atuna sociedad y a todos sus actos. He ahí el dilema.

Pero el problema se complica si, en lugar de esta solución mesiánica, buscamos otra que, por más realista, nos lleve a considerar las barreras de toda índole que es necesario vencer. El Estado tiene la obligación de salvaguardar la salud pública. Ahora bien, cuando un comerciante ofrece al pueblo alimentos perniciosos o medicinas peligrosas, el Estado interviene, en defensa y resguardo del bien público. Nadie ve en esto un acto antidemocrático ni una amenaza a la libertad de comercio. Mas en el caso de ese otro orden de alimentos de la conciencia y de la imaginación, no por más sutiles menos reales, ¿por qué van a cambiar los hechos? ¿Por qué el Estado no va a poder intervenir, en defensa de la salud espiritual del pueblo, sin perjuicio de la democracia y antes bien para su perfeccionamiento?¿O vamos a vernos precisados a aceptar que esta democracia económica —que considera mañosamente como actos lesivos a la libertad aquellos que les impidan la libertad de corromper al pueblo— es una aberración, puesto que nos arrastra a tan graves males? El dilema aquí no es, como muchos quisieran verlo y sólo para asustarnos con el fantasma, entre democracia y dictadura, sino entre libertinaje y planeación, y la única coacción que se impondría a la libertad sería la de impedir que sus excesos lesionen la libertad espiritual del pueblo.

Todo es cuestión de tacto y de calidad. Porque, en efecto, se puede argumentar que, cuando el Estado suele intervenir, por ejemplo, en la radio, crea una Hora Nacional respecto de la cual es verdad de todos sabida que es un monumento de impericia y de pesadez, o bien que las intervenciones oficiales en la producción cinematográfica no se han distinguido tampoco por su acierto ni por su calidad. ¿Es que sólo los mercaderes pueden crear productos interesantes, aunque corruptores del pueblo? ¿O es que sólo le interesa al pueblo aquello que lo corrompe y lo denigra?

No. Debe ser posible, en principio, que el Estado, como fuerza que salvaguarda la sociedad, pueda intervenir en la acción de estos modernos instrumentos de difusión popular, para impedir que su más constante ejercicio sea la excitación, la corrupción y el engaño y para procurar que, además de divertirlo, o aun divirtiéndolo, lo eduquen — en el sentido más amplio del concepto—, lo dignifiquen y lo engrandezcan. Y si el Estado participa activamente en la competencia de estas llamadas industrias, tiene la obligación de hacerlo para mostrar precisamente la mayor excelencia que es posible alcanzar y para mostrar, asimismo, la noble belleza de las esencias culturales.

El pueblo solicita corruptores y excitantes porque sólo eso se le ha dado. Mas la misión de todo los hombres de buena voluntad —así actúen dentro del comercio o la industria, o dentro del gobierno o en el ejercicio personal de una disciplina o profesión— es, por el contrario, la de provocar, crear y mantener la existencia de alimentos espirituales que, educando a nuestro pueblo, contribuyan a hacer de México un país civilizado y culto. Nuestra misión es destruir esa falacia convenenciera de los mercaderes y mostrar, y demostrarles a ellos, que nuestro pueblo es capaz de interesarse por toda la tradición humana que ha constituido la mejor nobleza del hombre, la tradición de pensamiento, de historia, de leyendas, de poesía, de teatro, de novela, de arte, de ciencias, de técnicas; que poseemos una tradición nacional de cultura, especialmente en sus creaciones populares, cuya calidad y originalidad nos enorgullece y es digna de que la acrecentemos y la continuemos; y aun probar que el hacer bien espiritual al pueblo puede ser, llegado el caso, mejor negocio que corromperlo. He aquí una magna tarea en la que todos tenemos una responsabilidad.

IV

Cultura y pueblo

De las reflexiones que he propuesto en los apartados anteriores pueden concluirse dos funciones sociales de la cultura, correspondientes a otros tantos grados o tipos. La cultura superior, como investigación o creación puras, espíritu cristalizador y rector de la conciencia, del saber y de la imaginación de una sociedad; y la cultura como educación, que comprende todas las formas de conservación y transmisión de conocimientos, ideas y saberes prácticos, ya sean comunicados por la escuela o por otras formas de magisterio o de difusión, libro, revista, prensa, cine, radio, televisión, etc. He afirmado, además, que pese a todas las exigencias que nos impone la redención de nuestro pueblo, no es posible concebir las funciones de cualquiera de estas formas de cultura sin el apoyo de la otra. Quiero referirme ahora a la insuficiencia y a las desviaciones que se advierten en aquellos aspectos de la cultura como educación concernientes a la conservación y transmisión de la cultura estética y, en general, de la cultura superior, es decir, a lo que propiamente puede llamarse cultura para el pueblo.

Mas al procurar observar las causas que originan estas fallas, esta insuficiencia de la cultura consagrada a la educación del pueblo, es preciso reconocer, en principio, que cabe una responsabilidad en ellas, no sólo a los maestros o a las instituciones, sino también a los hombres cuya disciplina está comprendida entre las formas de la cultura superior, y en este caso a los escritores. Como ya lo hacía notar, existe, en efecto, un gran número de ellos que realizan obras absolutamente estériles tanto para el enriquecimiento del acervo cultural como para el aprovechamiento inmediato educativo. Piensen o no en mejorar el espíritu de México, un Alfonso Reyes que medita sobre el legado humanístico, un José Gorostiza que canta el drama de la inteligencia en *Muerte sin fin*, un Ramón López Velarde o un Octavio Paz que nos revelan en versos admirables el misterio del mundo y de nuestros sentidos, las obras que ellos escriben serán una iluminación no sólo para los iniciados sino que, tarde o temprano, llegarán a ser también alimento para el espíritu de nuestro pueblo y contribuirán a conformar también su conciencia y su visión del mundo. Y otro tanto hacen los que se consagran a elucidar nuestras realidades últimas, el sentido de nuestra historia o el conocimiento de nuestra realidad o de nuestras tradiciones culturales. No importa, pues, el destino inmediato de las obras, ni importa tampoco que estén o no consagradas a nuestras circunstancias; importa su calidad, su profundidad, su excelencia estética o intelectual. Pero junto a los creadores o investigadores eminentes existen legiones de necios aspirantes a la inmortalidad, incapaces de reconocer sus incapacidades y de dedicarse a tareas útiles para México. Si ya en nuestro siglo xvi concurrían a un certamen más de trescientos poetas, en nuestro siglo éstos y los novelistas, dramaturgos, ensayistas, articulistas y críticos francotiradores podrían constituir toda una república en la que, probablemente, morirían por inanición, pues seguirían esperando hasta su último momento que el Estado y la sociedad al fin les hicieran justicia y se ocupase de su conservación.

Pero puesto que todos sabemos que es inútil esperar ninguna conversión a la realidad de estos aspirantes, y que aun sería injusto hacer abandonar sus esperanzas a los que con todo derecho las ejercen, prefiero ocuparme del problema práctico de la cultura para el pueblo. El importante y sostenido esfuerzo que México ha realizado en materia educativa se ha limitado, en términos generales, a la transmisión de conocimientos y técnicas, y ha descuidado, notoriamente, los aspectos propiamente culturales. En este campo las tareas se han reducido a procurar que el pueblo se acerque a limitadas manifestaciones de cultura, por ejemplo exposiciones, conciertos de música o danza y bibliotecas populares, sólo contadas veces adecuadas y expresivas para su conciencia.

Por otra parte, casi nada se ha hecho por conservar y desarrollar la propia cultura del pueblo. Y lo poco logrado hasta ahora se debe más a antropólogos y etnólogos que a los escritores. Una gran tarea nos espera en favor de las artes populares —de Michoacán, de Jalisco, de Oaxaca, de México—, de las danzas llamadas indígenas, del riquísimo folklor literario y musical y del teatro popular —representaciones tradicionales, "carpas", títeres—. No basta con estudiar y coleccionar estas creaciones de nuestro pueblo, sino que es necesario, además, promover una dirección estética, de acción sabia y cautelosa, que procure devolver a sus propios estilos tradicionales y a su propia dignidad artística la manufactura de cerámicas, tejidos, objetos de madera y fibras, juguetería, etc., y que, al mismo tiempo los convierta en una fuente más rica de ingresos para sus humildes productores, como ya lo han comenzado a hacer el Museo de Arte Popular, de la Ciudad de México, y el Palacio de la Cultura, de Chiapas. Otro tanto podría hacerse, aunque prescindiendo hasta donde fuese necesario del aspecto utilitario, con las danzas y el folklor literario, musical y teatral.

Mas al propio tiempo que se presta atención al desarrollo y a la conservación del arte propio del pueblo es necesario trabajar por que lleguen a él las más nobles savias de la cultura nacional y universal. Es tarea muy difícil y delicada encontrar el camino para que *El Periquillo*, de Lizardi; *Astucia*, de Inclán, y *Los de abajo*, de Azuela; las poesías de Sor Juana, Othón y López Velarde; el teatro de Alarcón; el pensamiento del doctor Mora, de Sierra, de Antonio Caso o de Alfonso Reyes; las novelas de Cervantes; el teatro de Shakespeare y de Lope, y aun los *Diálogos* de Platón, sean o vuelvan a ser leídos o vistos representar por los campesinos, los obreros y las comunidades indígenas. Pero que hay un camino para conseguirlo nos los enseñan los misioneros que lograron cosa mucho más difícil como fue evangelizar e instruir a los primitivos mexicanos. La alfabetización de nuestro pueblo gana cada día nuevas batallas, y para esos nuevos lectores en potencia y para tantos otros aún no se ha formulado un programa serio y bien planeado que continúe la redención espiritual de tan gran sector de nuestra población. ¿Qué lecturas tiene a su alcance un obrero o un campesino? ¿Puede acaso comprar un libro, por el que deberá pagar el salario de dos o tres días, o son accesibles para él otros frutos o manifestaciones de cultura?

En este aspecto me parece que la función principal del Estado podría ser la de auspiciar precisamente manifestaciones artísticas y culturales destinadas a llegar al pueblo y creadas fundamentalmente con este propósito, pues las clases altas crearán y pagarán sin grandes dificultades su propia cultura. No son estas clases altas de las capitales las que están más necesitadas de subvenciones y protecciones, sino las grandes masas de población rural y el proletariado urbano. Es, pues, una política cultural absurda y contraria a la doctrina democrática que profesamos la que, en términos generales, se ha seguido hasta ahora en México, pues su esfuerzo se ha consagrado, casi exclusivamente, a la Ciudad de México, y exclusivamente al desarrollo e impulso de formas culturales destinadas de hecho a una minoría y no por ello de primera calidad en todos los casos. Teóricamente, todos pueden visitar las exposiciones artísticas o leer los libros de edición oficial, pero la realidad es que unos y otros no llegan a derramar sus bienes entre los más desvalidos y necesitados. El Estado no puede desentenderse, ciertamente, de su misión de promotor y guía de las manifestaciones superiores de la cultura, y existen, además, muchas de ellas que serían imposibles sin el auxilio oficial. Pero si verdaderamente aspiramos a la redención de nuestro pueblo y a la integración de la cultura de México, nuestra tarea no puede seguir aislada en nuestros refinados círculos y élites de aficionados. No se rebajarán ni se corromperán nuestras obras si aprenden a llegar y a entregarse al pueblo; antes bien, ganarán la nobleza y la autenticidad que aún no tienen.

1952

NOTAS

[1] Recogido en este mismo volumen, p. 112.

Este libro esta tomado de la edición original
COLECCIÓN LITERARIA OBREGÓN

dirigida por
OCTAVIO PAZ y CARLOS FUENTES

3
PROBLEMAS LITERARIOS

Originalmente se imprimio el día 25 de junio de 1955
en
los talleres de
Gráfica Panamericana, S. de R. L.,
Parroquia, 911; México 12, D. F.

COLECCIÓN LITERARIA
OBREGÓN

Dirigida por:

OCTAVIO PAZ y CARLOS FUENTES

TOMOS PUBLICADOS:

1. Iduarte, Andrés: *Un niño en la Revolución Mexicana*
2. Reyes, Alfonso: *Quince Presencias*
3. Martínez, José Luis: *Problemas Literarios*

EN PRENSA:

4. Bioy Casares, Adolfo: *Historia Prodigiosa*

EN PREPARACIÓN:

5. Akutagawa: *Rashomon y otros cuentos*
6. *Antología de la Poesía Iberoamericana.* Tomo I (Brasil, Uruguay, Paraguay, Argentina y Chile) Prólogo, selección, traducción y notas de Ulises Petit de Murat
7. Saki: *Cuentos Escogidos.* Selección, traducción y prólogo de Carlos Fuentes
8. *Antología de la Poesía Francesa (1925-1950).* Selección, traducción, prólogo y notas de Octavio Paz (Texto Bilingüe)
9. Marqués de Sade: *Justina o los desdichos de la virtud*
10. *La Literatura mexicana en las revistas.* ("Contemporáneos", "Taller", "Tierra Nueva" y "El Hijo Pródigo") Selección y prólogo de Alí Chumacero.

www.ingramcontent.com/pod-product-compliance
Lightning Source LLC
Chambersburg PA
CBHW022216050726
47590CB00002B/827